시작하며

세상에는 탁월한 일러스트 기법을 다루는 서적이 수없이 많고, SNS(소셜 네트워크 서비스)로 기법을 소개하는 사람도 많습니다. 일러스트를 배우고 싶은 사람에게 무척 좋은 세상이 되었습니다. 그런 다양한 서적과 기회가 있음에도 이 책을 선택해주셔서 감사합니다.

HOW보다 WHY에 초점을 맞춰 이 책을 집필했습니다. 뛰어난 노하우가 넘치고 기술 혁신 덕분에 그리는 방법이 크게 달라져도, 보편적으로 변하지 않는 요소가 WHY에 있다고 생각했기 때문입니다. 또한 'O×' 형식은 WHY의 포인트를 설명하는 데 적합한 방식입니다.

물론 일러스트는 원하는 대로 그리는 것이 가장 중요하다고 생각합니다. 다양한 곳에서 수많은 일러스트를 볼 수 있는데, '절대로 이렇게 그리는 것이 맞다', '이것은 틀렸다'라고 정해버리면 비슷한 일러스트만 남게 되고, 상품이나 SNS에서 일러스트를 봐도 아무런 느낌이 없습니다.

다만, 뭐든 'O'라고 한다면 이런 기술서는 필요하지 않을 것입니다. 특히 상용 일러스트는 역할과 목표가 명확한 것이 대부분입니다. SNS의 보급으로 간단히 일러스트를 공개할 수 있게 되었고, 실제 업무로 이어지는 일이 많아진 덕분에 상용/비상용의 경계가 모호해졌는지도 모릅니다.

이 책의 내용이 여러분의 창작 활동에 도움이 되는 아이디어나 기법을 배우는 데 참고가 되었으면 좋겠습니다.

Contents

시작하며 ……… 2

Chapter 1 테마의 OX

Q 01 애초에 '일러스트'의 역할이란? ……… 6
Q 02 '주제'를 잘 전달하려면? ……… 8
Q 03 보는 사람이 오해하지 않게 하려면? ……… 12
Q 04 요구를 만족시키기 위해 정리할 포인트란? ……… 14
Q 05 일러스트의 평가 기준은 다양하다? ……… 16

Chapter 2 자료집의 OX

Q 01 사진 자료는 어떻게 준비하면 될까? ……… 18
Q 02 어떤 렌즈를 쓰면 좋은가? ……… 20
Q 03 사진의 인상을 바꾸는 포지션과 앵글이란? ……… 22
Q 04 취재는 어떤 식으로 해야 할까? ……… 24
COLUMN 사진 가공으로 배경 일러스트를 만든다 ……… 26

Chapter 3 구도 선택의 OX

Q 01 입체감을 만들 수 있는 구도는?(2점 투시) ……… 28
Q 02 대칭이나 깊이를 표현하려면?(1점 투시) ……… 30
Q 03 박력 있는 그림을 그리려면?(3점 투시·로우앵글) ……… 32
Q 04 길거리를 그리는 데 적합한 구도는?(3점 투시·하이앵글) ……… 34
Q 05 사진 소재를 효과적으로 잘라내려면? ……… 36
Q 06 부족할 때는 무엇을 더하면 좋을까? ……… 38
Q 07 구도가 뒤엉켰을 때는? ……… 40
Q 08 주역을 강조하는 데 효과적인 구도는? ……… 42
COLUMN 퍼스자 사용법 ……… 46

Chapter 4 원근법의 OX

Q 01 정보량의 차이로 원근감을 표현한다?(소실원근법) ……… 48
Q 02 사실적인 거리감을 표현하려면?(공기원근법) ……… 50
Q 03 원근감을 표현하는 묘사 테크닉이란? ……… 52
Q 04 색의 시각 효과로 원근을 강조한다?(색채원근법) ……… 54
Q 05 투시도에 알맞게 통로와 도로를 그리려면? ……… 56
Q 06 정확한 투시도로 비탈길을 그리려면? ……… 58
Q 07 투시도를 기준으로 원기둥을 그리려면? ……… 60
COLUMN Photoshop의 상자 흐림 효과 ……… 62

Chapter 5 캐릭터 넣는 법의 OX

Q 01 이야기가 있는 작품을 만들려면? ········ 64
Q 02 캐릭터의 배치 위치가 고민될 때는?(분할법) ········ 66
Q 03 캐릭터의 배치 위치가 고민될 때는?(시선 유도) ········ 68
Q 04 캐릭터와 배경의 눈높이를 맞추려면? ········ 70
Q 05 캐릭터와 배경의 조화를 잡는 방법은? ········ 72
COLUMN 레이어 합성 모드의 비교 ········ 76

Chapter 6 연출의 OX

Q 01 화면의 강약을 조절하려면?(다양한 대비) ········ 78
COLUMN 오버레이의 활용 ········ 81
Q 02 질감 표현으로 그림의 설득력을 높이려면? ········ 84
Q 03 조명으로 주제를 강조하려면? ········ 88
Q 04 마무리에 효과적인 연출 방법이란? ········ 94
COLUMN 톤 커브 사용법 ········ 100

Chapter 7 실전 테크닉(커버 일러스트 메이킹)

STEP 01 상용 일러스트의 러프 작성 ········ 102
STEP 02 전체의 인상을 좌우하는 중경~원경을 그린다 ········ 106
STEP 03 디테일을 잡으면서 근경을 그린다 ········ 112
STEP 04 캐릭터를 그린다 ········ 116
STEP 05 조명과 장식으로 연출한다 ········ 118

Chapter 8 첨삭 편

01 실내 일러스트 ❶ ········ 124
02 실내 일러스트 ❷ ········ 126
03 열차 내부 일러스트 ········ 127
04 상점 일러스트 ❶ ········ 128
05 상점 일러스트 ❷(사진 가공) ········ 129
06 거리 일러스트(밤) ········ 130
07 거리 일러스트(늦은 오후) ········ 131
08 거리 일러스트(눈) ········ 132
09 환상적인 일러스트 ❶ ········ 133
10 환상적인 일러스트 ❷ ········ 134

※ 이 책은 2020년 8월 시점의 최신판 소프트웨어를 기준으로 설명합니다. CELSYS CLIP STUDIO PAINT(v.1.9.11) / Adobe Photoshop 2020(v.21.2) ※ 본문에 게재된 조작 순서와 결과, 서비스 내용은 소프트웨어의 버전 업 등으로 인해 변경될 수 있습니다. ※ 각 소프트웨어와 기능은 사용하는 컴퓨터 환경에 따라 이용하지 못할 수도 있습니다. ※ 각 소프트웨어의 최신 작동 환경이나 업데이트 정보, 사용법에 관련된 질문은 제조사의 웹사이트 등을 확인하세요. ※ 소프트웨어 사용에 따른 문제, 관련 서비스 이용 방법 등 이 책의 기술 내용에서 벗어나는 질문에는 답변드릴 수 없으니 양해 바랍니다.

Chapter 1
테마의 ○×

여러 그림을 비교하고 어떤 것을 일러스트로 표현하고 싶은지 잘 생각하고 그린 그림은 설득력이 다릅니다. 우선 일러스트의 테마를 정하는 방법에 대해서 살펴보겠습니다.

Chapter 1 테마의 OX

애초에 '일러스트'의 역할이란?

일러스트는 다양한 곳에 쓰이는데, 우선 일러스트가 가진 특성과 일러스트를 사용할 때의 장점은 무엇인지 살펴보겠습니다.

일러스트의 특성

일러스트의 가장 큰 특징은 **'정보 전달의 시간 단축'**입니다. 예를 들어 도로 표지판을 보면 색과 형태로 무엇을 나타내는지 한눈에 알 수 있도록 만들어졌습니다. 이런 효과가 일러스트에도 있으며, 문자뿐인 정보보다 전달 속도가 빠릅니다. 반면 **해석의 폭이 넓어서 오해하기 쉽다는 단점**이 있습니다. 자세한 내용은 12페이지를 참고해보세요.

파란색은 안전, 노란색은 주의, 빨간색은 위험처럼 표지판은 우리가 가진 색의 이미지를 이용해서 만들어집니다. 흰색이나 검정, 문자만으로 표시하는 것보다 내용을 파악하는 시간을 줄일 수 있습니다.

우리 주변의 매체를 예로 살펴보자

타이틀뿐인 책보다도 일러스트가 들어간 쪽이 어떤 내용을 소개하는지 쉽게 전달할 수 있습니다. **커버 일러스트는 내용을 전달하는 시간을 단축하는 효과가 있으며, 상품에 관한 관심을 이끌어 판매를 촉진하는 역할을 합니다.** 문자뿐인 표지가 진열되어 있는 서점을 상상하면 일러스트가 얼마나 효과를 발휘하는지 알 수 있습니다.

일러스트의 유리한 점

일러스트는 설명한 대로 문자뿐인 정보보다 빠르게 전달할 수 있다는 장점이 있습니다. 예를 들어 '푸른 하늘'을 문자와 그림을 함께 놓고 보면, 전달 속도에 큰 차이는 없을지도 모르지만, '새가 날아다니는 구름이 많은 맑은 하늘'처럼 상세한 정보가 점차 증가하면 일러스트의 이점이 진가를 발휘합니다.

한 단어 정도면 전달 속도에 큰 차이는 없다

전달하고 싶은 내용이 많을수록 일러스트의 전달 속도가 빨라진다

일러스트의 불리한 점

한 장의 일러스트는 시간의 흐름을 나타내는 정보를 전달하는 데 한계가 있습니다.

예를 들어 '몇 시간 전은 큰비였지만, 지금은 맑은 하늘'을 전달하고 싶을 때는 일러스트만으로 하늘을 표현하기가 무척 힘듭니다. 빗물이 떨어지는 전깃줄을 그리거나 지면의 물웅덩이에 비친 하늘로 표현하는 것도 가능하다고 생각합니다. 하지만 더 복잡한 정보를 전달할 때는 다른 매체나 표현(만화처럼 여러 장으로 보여주거나 애니메이션으로 제작)이 적합할지도 모릅니다. Chapter 5에서 소개하겠지만, 캐릭터를 넣으면 전달할 수 있는 정보량이 크게 증가합니다.

일러스트의 장단점을 이해하고 전달하고 싶은 내용에 알맞은 표현 방법을 연구하면 일러스트라는 매체의 장점을 살릴 수 있습니다.

A 01

➡ 일러스트의 특성은 전달하고 싶은 내용을 빠르게 전달

➡ 전달하고 싶은 정보가 많을수록, 문자보다 일러스트가 유리하다

➡ 시간 흐름을 나타내는 정보의 설명에는 한계가 있어, 표현 방법을 고민할 필요가 있다

Chapter 1 테마의 OX

'주제'를 잘 전달하려면?

그림 속에 너무 많은 요소를 무작정 넣다 보면 가장 전달하고 싶은 주제(테마)를 독자에게 제대로 전달하지 못할 수도 있습니다. 그림을 구상하기에 앞서 정보를 정리할 필요가 있습니다.

정보 정리

왼쪽은 다양한 요소를 담은 그림입니다. 다채롭지만, 무엇을 보여주고 싶은지, 어떤 인상을 연출한 것인지 알기 어렵습니다. 오른쪽 그림은 **도형의 색과 모티브의 종류를 정리**해 빨간색 원으로 시선이 집중되게 했습니다.

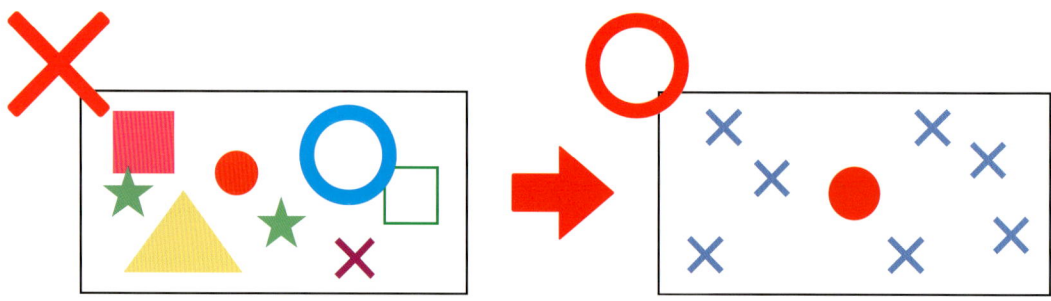

일러스트로 대입해서 살펴보자

왼쪽의 예는 시선이 주역인 캐릭터보다 왼쪽 위의 창문과 지붕으로 가기 쉽습니다. 왼쪽 위의 작화가 세밀하고 대비가 높은 요소를 집중해놓아 캐릭터보다 눈에 띄게 된 것입니다. 애써 그렸는데 조금 아깝지만, 과감하게 왼쪽을 잘라서 캐릭터가 더 돋보이도록 정리했습니다.

전달하고 싶은 것을 정리한다

먼저 전달하고 싶은 것들을 써보고 정리해서 최적의 구도를 구상합니다. 물론 장면과 구도에 따라 차이가 있지만, 가로로 긴 화면이 많은 배경 정보를 담는 데 비교적 유리하듯이 가로세로의 비율도 테마에 알맞게 선택하면 좋습니다.

❶ 보여주고 싶은 것(전달하고 싶은 것)을 쓴다

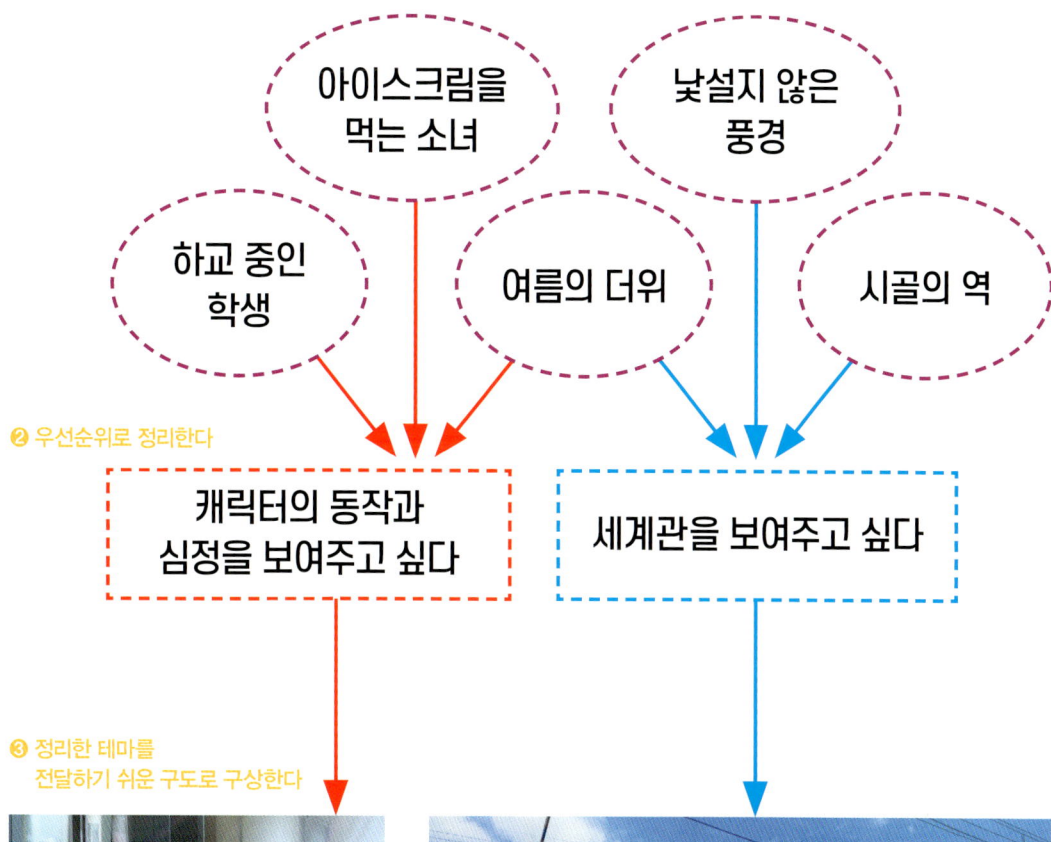

❷ 우선순위로 정리한다

❸ 정리한 테마를 전달하기 쉬운 구도로 구상한다

캐릭터가 주역. 캐릭터의 전신을 화면에 크게 들어가도록 세로로 긴 구도로.

세계관이 주역. 옆으로 긴 건물을 화면에 크게 담을 수 있는 가로로 긴 구도로.

정보량을 조절하는 방식

정보의 정리로 표현하고 싶을 것을 추려내는 뺄셈 외에도 테마에 맞게 전달하고 싶은 정보를 추가하는 덧셈으로 주제(테마)를 강조할 수 있습니다. '각각의 요소를 화면 속에 어떻게 배치할까'에 더해 **정보의 뺄셈과 덧셈으로 화면을 정리**합니다.

❶ 묘사량을 조절한다

묘사량을 조절해 강조하고 싶은 부분으로 시선이 집중된다.

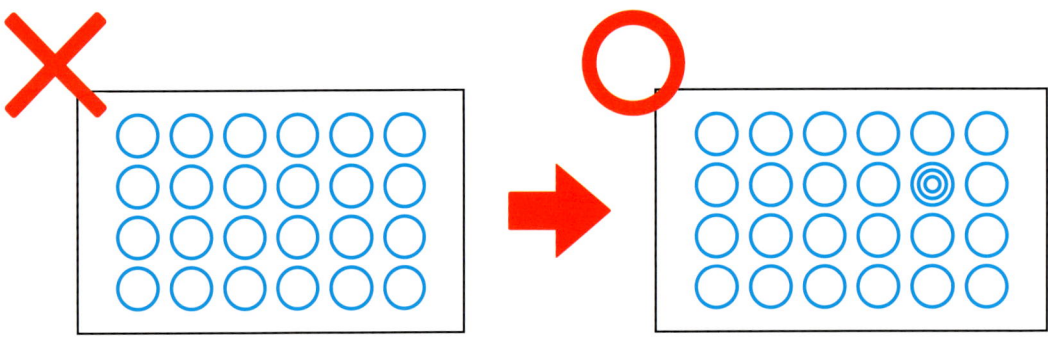

밀도가 높은 원으로 시선이 집중된다

❷ 위치와 크기를 조절한다

면적의 차이가 클수록 돋보인다. 특히 리얼한 배경 일러스트는 최저한의 합리성이 필요하다.

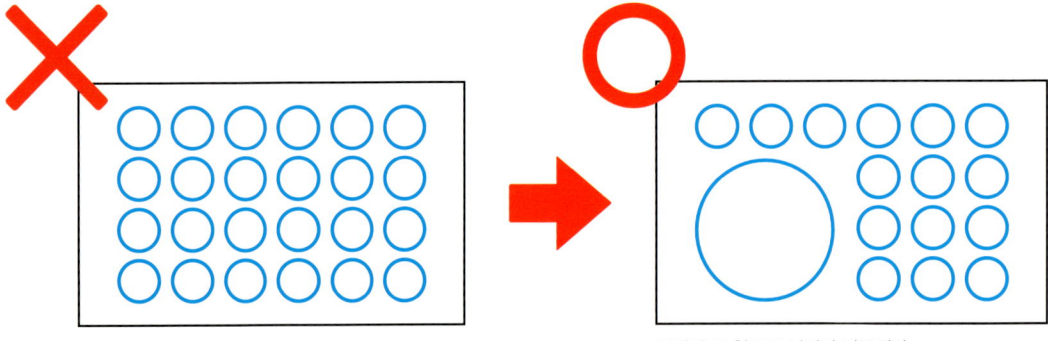

면적이 큰 원으로 시선이 집중된다

❸ 색을 변경한다

색 종류를 제한하거나 주역 주변에 동일한 계열의 색을 배치해 주역을 강조한다.

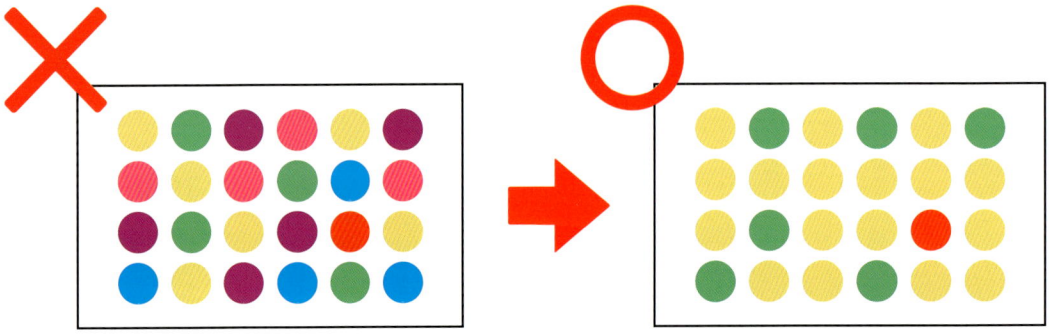

강한 색의 원으로 시선이 집중된다

정보의 뺄셈

왼쪽은 화면의 모든 요소를 보여주고 싶은 나머지 주역인 소녀보다 자판기가 더 돋보입니다. 빨간색 자판기의 색감이 강한 탓에 강조되고 말았습니다. 캐릭터가 돋보일 수 있도록 배치를 조절하고, 자판기의 면적을 줄이는 식으로 그림의 테마를 정리했습니다.

정보의 덧셈

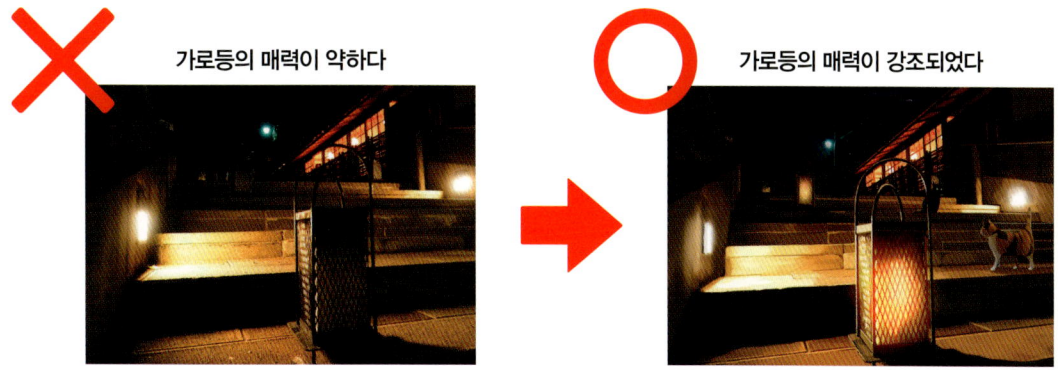

오히려 정보를 더해서 주제를 돋보이게 할 수 있습니다. 예시는 사진을 찍었을 때 꺼져 있던 등불에 빛을 더해 밤 일러스트의 매력을 연출했습니다. 아무 생각 없이 사진을 그대로 쓰는 것이 아니라 가장 매력적인 장면을 선택해서 연출을 더하면 더 많은 사람이 공감할 수 있는 일러스트가 됩니다. 매력적으로 보이는 시간대로 변경하는 연출 방법도 있습니다. 또한 숨겨진 이야기가 있는 것처럼 느껴지도록 고양이를 더했습니다.

A 02

➡ 주제(테마)를 바르게 전달하려면
　주제가 돋보이도록 화면 속의 정보를 정리한다

➡ 정보의 뺄셈으로
　주제를 방해하는 불필요한 정보를 화면에서 지운다

➡ 정보의 덧셈으로 주제를 강조한다

Chapter 1 테마의 OX

보는 사람이 오해하지 않게 하려면?

일러스트는 감상 시간의 단축과 구매 결정으로 이어지게 돕는 역할을 하며, 상용 일러스트 또한 이런 역할을 기대하는 부분이 큽니다. 따라서 감상자에게 테마를 바르게 전달하는 그림이 되도록 주의할 필요가 있습니다.

일러스트는 해석의 폭이 넓다

일러스트는 **해석의 폭이 넓어 의도하지 않은 인상을 줄 가능성**이 있습니다. 테마를 이해하기 힘든 그림은 많은 사람이 오해할 수 있고, 가장 표현하고자 하는 것을 제대로 전달하지 못하며, 상용 일러스트로서의 역할과 목표를 완수하지 못할 가능성이 있으니 주의가 필요합니다.

'신년' 테마일 때

두 그림 모두 '신년'을 테마로 그린 일러스트라고 했을 때, 오른쪽은 기모노를 입은 캐릭터가 신사에 있으므로 신년을 테마로 그렸다는 것을 바로 알 수 있습니다. 반면 왼쪽은 자세히 보아야 신년다운 모티브라는 것을 알 수 있을 정도로 전부 작아서, 얼핏 보면 '겨울'이 테마라는 느낌은 받아도 '신년'이라는 느낌은 약합니다. 왼쪽 그림이 엉터리라는 것이 아니라 '신년'이라는 테마를 표현하는 데 적절하지 않다는 의미입니다. **작품으로 표현할 콘셉트가 있다거나 상용 일러스트의 역할을 완수하려면 더 많은 사람이 공감할 수 있는 모티브와 색을 선택할 필요가 있습니다.**

테마에 알맞게 구성한다

얼핏 보았을 때의 인상을 좌우하는 큰 요인은 배색과 모티브입니다. 일상에서 접하는 디자인이나 일러스트에도 의도된 배색과 모티브가 있어서, 특별한 이유가 없는 이상 최대한 유지해야 감상자가 오해하지 않습니다. 작은 소품 등을 변경하더라도 작품의 인상을 바꾸는 데는 한계가 있습니다. 구성할 때 감상자나 소비자의 시점에서 생각하는 것도 좋은 방법입니다.

배색이나 모티브를 바꿔보자

배색

연하장에 주로 쓰이는 신년 이미지의 컬러로 배색했습니다. 기모노를 입은 캐릭터는 작게 배치했지만, 색이 주는 인상이 큰 덕분에 신년이라는 분위기를 바로 느낄 수 있습니다.

모티브

테마에서 벗어나는 모티브는 화면에서 삭제(또는 눈에 띄지 않게 조절)하고 테마를 나타내는 모티브(기모노·신사·동물 등)로만 구성합니다.

A 03
- ➡ 일러스트는 해석의 폭이 넓어서 더 많은 사람이 이해할 수 있는 구성이 중요
- ➡ 색이 주는 인상이 강해서 테마에 적합한 이미지 컬러를 선택한다
- ➡ 테마에서 벗어나는 요소는 화면에서 제외한다

Chapter 1 테마의 OX

Q04 요구를 만족시키기 위해 정리할 포인트란?

아무리 좋은 그림을 그렸다고 해도 보여줄 대상이나 용도와 맞지 않으면 기대한 결과를 얻을 수 없습니다. 특히 상용 일러스트는 역할과 목표가 명확하므로 클라이언트와 의견을 조율하면서 진행하면 다시 그려야 하는 리스크를 줄일 수 있습니다.

이 책의 커버 일러스트 작업 과정

Why	목적	왜 그리는가?	왜 필요한가
What	내용	전달하려는 것은?	꼭 그려야 하는 내용은
How	수단	용도는?	사용하는 매체는 무엇인가
Who	수요	누가 보는가?	대상은 누구인가
Where	접점	발표하는 장소는?	공개되는 장소는 어디인가
When	시기	볼 수 있는 기회는?	공개 시기는 언제인가

책의 내용과 콘셉트를 빠르게 전달한다
책의 내용(배경 일러스트에 대해서 설명하는 책)을 빠르게 전해
구매로 이어지게 한다. 눈길을 끌어 내용을 읽고 싶어지게 만든다.

책의 내용을 예상할 수 있는 것
커버처럼 배경 일러스트를 그리고 싶어 하는 사람이 선택하게 만든다.

책의 커버나 광고 등
종이 매체인 책뿐 아니라
전자서적이나 홈페이지, SNS 홍보에도 사용한다.

일러스트에 대해서 배우고 싶은 사람 또는 배우고 있는 사람
일러스트와 관련된 기법서인 만큼 메인 타깃은 일러스트를 배우려는 사람.
특히 배경 일러스트에 관심이 높은 사람.

서점·판매 사이트·SNS 등
서점이나 판매 사이트.
그 외에 출판사나 저자의 SNS 선전 등.

발매일을 알리는 타이밍
발매일보다 제작이 늦어지는 일도 있으므로
정확하게 커버 일러스트의 정보를 공개하는 타이밍.

Chapter 1 테마의 OX

일러스트의 평가 기준은 다양하다?

그림을 막 시작했을 시기에는 일단 그리고 싶은 대로 그리거나 그리는 자체를 즐기는 것이 실력 향상의 지름길이라고 생각합니다. 다만 직업으로 그릴 때나 많은 사람의 평가를 받아야 하는 그림이라면 불특정 다수의 요구(수요)를 무시할 수 없습니다.

그림을 그리는 이유나 동기는 다양하다

SNS에서의 평가에 너무 얽매이지 않도록 주의…

　소셜 미디어 보급의 영향으로 일러스트가 한층 가까운 느낌이 되었습니다. 지금까지는 작품을 보려면 특정 사이트나 작가 홈페이지까지 찾아가야 했지만, SNS의 타임라인으로 간단하게 공유하거나 평가할 수 있게 되었습니다. 기업이 제작한 것도 프로나 초보자의 그림도 한곳에서 볼 수 있습니다. SNS에서 각광을 받자마자 곧바로 많은 일을 하게 된 작가가 적지 않으며, 타인과의 평가를 비교할 수밖에 없고 너무 얽매이게 되는 사람도 많을 것입니다.
　하지만 **SNS에서의 높은 평가가 반드시 정확한 것은 아닙니다.** 14페이지에서 말했듯이 일러스트의 역할 중에는 문제를 해결하는 것도 포함되어 있습니다. 예를 들어 청량음료의 패키지에 쓰인 일러스트의 효과로 상품의 판매가 향상되었다면, SNS에서의 평가와 관계없이 성공했다고 할 수 있습니다. 따라서 **기업도 반드시 '인기 있는 작가'만 찾는 것은 아닙니다.**
　발표하는 장소나 기업의 목적에 따라서 평가 기준이 전혀 다르다는 사실을 알고 있으면 SNS에서의 평가에 휘둘리는 일이 없을지 모릅니다.

Chapter 2

자료집의 ○×

특히 배경은 참고할 사진 자료를 찾는 것이 좋은 작품을 그리는 데 중요합니다.
직접 찍은 사진을 쓸 때 취재와 촬영 방법에 관해 설명합니다.

Chapter 2 자료집의 OX

사진 자료는 어떻게 준비하면 될까?

배경 일러스트를 그릴 때 좋은 참고 자료를 준비하는 것은 중요한 과정입니다. 실제 사진을 보면서 그리는 것이 실력 향상의 첫걸음입니다. 여러 장의 사진을 조합하거나 가공하는 포토배시(Photobash)라는 기법으로 배경 일러스트를 제작할 수도 있습니다.

사진 자료의 활용 수단과 사용상의 주의

	참고하면서 그린다	트레이싱으로 활용	포토배시 등의 소재로 사용한다
직접 찍은 사진 ※ 건물의 소유주와 함께 찍힌 인물에 주의	O	O	O
인터넷이나 책에서 찾은 무료가 아닌 사진	O ※ 작화에 참고하는 정도	X	X
인터넷이나 책에서 찾은 무료 사진 ※ 사이트에 따라서 이용 범위가 다르니 주의	O	O	O
저작권자의 허락을 받은 사진 ※ 건물의 소유주와 함께 찍힌 인물에 주의	O	O	O

주의점

직접 찍은 사진, 저작권자의 허락을 받은 사진, 무료 소재뿐 아니라 간판 등에 포함된 기업이나 상품의 로고 또는 캐릭터가 들어간 사진을 그대로 활용한 일러스트 작품을 발표하면 저작권 침해가 될 수 있습니다. 그 부분을 지우는 식으로 편집이 필요합니다.

다만 인터넷이나 책에서 찾은 무료가 아닌 사진을 그림 연습처럼 개인적인 용도로 자유롭게 쓰는 것은 문제없습니다. 그러나 문제를 방지하려면 SNS 등에 업로드하지 않는 편이 좋습니다.

사진 자료를 사용하는 법

　사진과 달리 일러스트를 사용했을 때 기대할 수 있는 효과는 현실보다 일러스트로 그린 배경을 더 아름답게 느끼는 것과 관련이 있습니다. 물론 사진도 그 시점에서 찍은 아름다운 현실을 포착한 것이겠지만, **사진과 일러스트의 큰 차이는 '데포르메'에 있다고 생각합니다.**

사진 　　　　　　　　　　　일러스트

현실을 데포르메

데포르메 　　　　　　　　　리얼

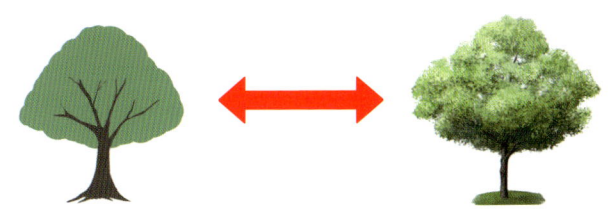

데포르메란 대상을 과장하거나 간략하게 표현하는 것을 뜻합니다. 캐릭터를 그릴 때 불필요한 주름이나 잡티 등을 굳이 그리지 않고(=간략화), 보기 좋은 비율로 수정하거나 눈을 크게 그려서(=과장) 현실에 데포르메를 적용해서 표현합니다. 그러면 좋은 부분이 돋보이고, 보여주고 싶은 것을 강조할 수 있습니다.

배경의 데포르메

이 예시는 잎의 아름다움이라는 '외형의 데포르메'와 물웅덩이를 더해 '테마(비가 그친 뒤)'를 표현했습니다.

캐릭터처럼 배경에도 데포르메를 적용해 불필요한 부분을 걷어내고 매력을 과장하면, 표현하고 싶은 요소의 전달력을 높일 수 있습니다. 또한 데포르메를 적용한 캐릭터와 한층 더 조화롭습니다.

A/01
➡ 사진 자료를 준비해 보면서 그리는 것이 중요

➡ 사진 자료의 권리에 주의해서 준비하자

➡ 좋은 배경 일러스트를 그리려면
　실사에 매력적인 데포르메를 적용한다

Chapter 2 자료집의 OX

Q02 어떤 렌즈를 쓰면 좋은가?

사진 자료를 수집할 때 다양한 렌즈의 특징을 알고 구분하면 좋습니다. 렌즈는 크게 표준·망원·광각의 3종류가 있습니다. 각각의 특징을 소개합니다.

렌즈와 구도 (표준·망원·광각)

어디까지나 자료용 사진 촬영이라면 렌즈를 의식할 필요 없이 표준 렌즈나 스마트폰 등으로 찍어도 괜찮습니다. 단, 평소부터 구도나 화각을 이용해 피사체의 매력적인 모습을 포착하는 연습을 하면 작품 제작에도 도움이 됩니다.

표준 렌즈

사람의 눈으로 본 감각에 가까운 범위에서 촬영이 가능합니다. 망원이나 광각으로 찍은 것과 표준 렌즈로 찍어두면 이후에 유용하게 활용할 수 있습니다.

망원 렌즈

화각이 좁고 거리가 압축됩니다. 보여주고 싶은 것을 제한할 때 등에 편리합니다.

광각 렌즈

화각이 넓어서 화면에 많은 정보를 담을 수 있습니다.

보여주고 싶은 효과의 차이에 따른 렌즈 선택

20페이지의 내용처럼 렌즈에 따른 큰 차이는 '화면에 담을 수 있는 정보량'입니다. Chapter 1에서도 소개했지만, **화면을 구성하는 요소의 종류나 크기는 전달하고 싶은 테마에 알맞게 조절할 필요가 있습니다.**

원근감이 강조되는 구도를 잡으려면?

거리가 압축되는 효과가 있는 망원 렌즈는 보여주고 싶은 것을 한정하는 데 유리하지만, 원근감이 약해지기도 합니다. 원근감을 표현하려면 광각 렌즈가 더 유리합니다.

아웃포커스 효과를 살린 구도를 잡으려면?

망원 렌즈는 초점을 잡는 범위가 좁아서 아웃포커스를 이용한 그림 제작에 유리합니다. 주위가 흐릿하게 표현되므로 주역을 강조할 수 있습니다.

박력 있는 구도를 잡으려면?

똑같이 밑에서 올려다본 구도라도 광각 렌즈가 박력을 연출하는 데 더 유리합니다.

A 02
→ 렌즈에 따른 화각의 넓이 차이를 알자
→ 전달하고 싶은 인상(테마)에 알맞은 렌즈를 선택한다

Chapter 2 자료집의 OX

사진의 인상을 바꾸는 포지션과 앵글이란?

렌즈 선택과 함께 중요한 것이 카메라의 촬영 높이와 각도입니다. 무심코 자신의 눈높이로 셔터를 누르기 쉬운데 그러면 원 패턴의 매력이 옅은 그림이 되기도 합니다.

눈높이와 각도(카메라 앵글)

평소 눈으로 보는 광경에서도 보는 위치(눈높이)와 각도(앵글)를 조절하면 다른 분위기의 사진을 찍을 수 있습니다.

눈높이(카메라 포지션)

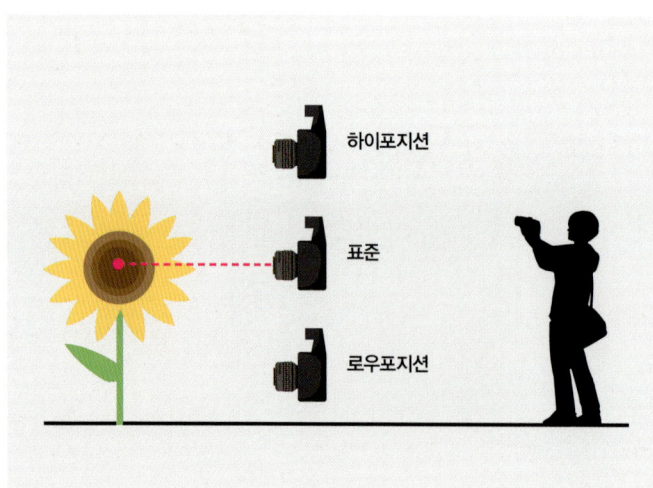

눈높이(카메라 포지션)란 카메라의 위치를 뜻하는 말입니다. 서 있는 사람의 눈높이에 가까운 위치의 카메라 포지션을 표준이라고 하며, 객관성이 높고 안정적인 화면을 만들 수 있습니다. 따라서 흥미롭지 않은 인상을 줄 수 있습니다. 그럴 때는 카메라 포지션이 높은 하이포지션, 낮은 로우포지션을 시험해보면 좋습니다.

각도(카메라 앵글)

각도(카메라 앵글)란 카메라의 각도를 뜻하는 말입니다. 아래로 기울인 상태를 하이앵글, 위로 기울인 상태를 로우앵글이라고 부릅니다. 카메라를 잡은 위치(카메라 포지션)에 상관없이 동일하므로 카메라를 높이 잡은 하이포지션에서 각도를 위로 기울여 촬영한 것도 로우앵글입니다.

눈높이와 각도를 바꿔보자

같은 장면이나 피사체를 찍더라도 눈높이와 각도를 바꿔보면 전혀 다른 인상의 사진이 됩니다.

특별한 느낌을 연출한다

| 표준으로 촬영 | 로우포지션으로 촬영 |

사람의 시선에 가까워서 안정감과 안심감이 있는 일상의 모습에 적합합니다.

눈높이를 낮춘 로우포지션은 특별한 분위기를 연출할 수 있고, 전경을 흐리게 연출하는 데도 적합합니다.

각도(카메라 앵글)를 바꿔보자

| 로우앵글로 촬영 | 하이앵글로 촬영 |

낮은 위치에서 올려다본 로우앵글은 인물과 건물 등의 사진을 현장감과 임팩트 있게 찍을 수 있습니다.

높은 위치에서 내려다본 하이앵글은 식물이나 음식을 보기 좋게 찍을 수 있고, 얼굴이 강조되므로 캐릭터의 귀여움을 표현하는 효과도 있습니다.

A 03

➡ 사진의 인상을 바꾸려면 눈높이와 각도를 바꿔서 찍어보자

➡ 눈높이란 카메라의 높이를 뜻한다

➡ 각도(카메라 앵글)란 카메라로 피사체를 포착한 각도를 뜻하는 말이다

Chapter 2 자료집의 OX

취재는 어떤 식으로 해야 할까?

어떤 피사체를 선택할지, 어떤 시기나 시간대에 찍어야 좋은지, 어떤 식으로 찍고 싶은지 계획을 미리 세워두면 좋습니다.

목적을 정하고 취재한다

이번에는 이것을 찍어야지 하고 메인이 될 목표를 하나 정해두면 헛걸음할 리스크를 줄일 수 있습니다. 찍고 싶은 대상이나 시간대가 명확할 때는 계획도 세우기 쉽습니다. 물론 취재를 하다가 우연한 만남이 있을 가능성도 있다고 생각합니다.

주역을 정하고 찍는다

✕ 대충 찍은 사진

○ 찍고 싶은 것이 명확한 사진

같은 도로를 찍은 사진이라도 왼쪽은 셔터를 대충 누른 느낌이므로, 보는 사람이 어떻게 받아들여야 하는지 알 수 없습니다. 오른쪽은 내리막 끝에 있는 건널목을 주역으로 촬영했습니다. 보여주고 싶은 것이 명확하면 비슷한 장면을 좋아하는 사람에게 큰 울림을 주는 사진이 됩니다.

취재의 메리트

야마가타현의 긴잔 온천을 찍은 사진. 취재를 목적으로 방문했는데, 주변의 산책 코스에도 매력적인 것이 다양하게 있었습니다. 생각지 못한 만남도 직접 찾아가서 체험하는 취재의 묘미입니다.

카메라 기능(필터)을 사용하는 편이 좋은가?

　　디지털카메라나 스마트폰 카메라에 탑재되어 있는 필터 기능을 잘 활용하면 보기 좋은 사진을 찍을 수 있습니다. 단점은 채도가 너무 높아지거나 실물의 색을 알 수 없고, 흐림 효과 등으로 세부가 흐려지는 문제가 있습니다. 세부까지 관찰이 가능한 자료 또는 사진 가공으로 일러스트를 작성할 때는 적합하지 않을 수 있습니다.

필터 기능 유무의 비교

필터 기능 있음

필터 사용으로 대비가 너무 높아져 그늘이 검게 변하거나 세피아 등의 색조 효과 영향으로 사물의 고유색을 알 수 없게 됩니다.

필터 기능 없음

필터 기능을 사용하지 않고 찍은 사진입니다. 관찰용 자료에 적합합니다. 관찰용 자료나 사진 가공이 목적일 때, 필터 기능이 적합하지 않을 때의 예가 위의 NG 사진입니다. 재미있는 효과의 필터도 있으니 다양하게 시험해보면 발상을 넓히는 계기가 되기도 합니다.

A/04

➡ 무엇을, 언제, 어떤 식으로 찍고 싶은지 미리 계획을 세운다

➡ 실제로 찾아가서 봐야 할 수 있는 경험이 있는 것도 취재의 메리트다

➡ 카메라 필터 기능은 관찰용 자료에 적합하지 않을 수 있다

COLUMN

사진 가공으로 배경 일러스트를 만든다

사진은 일러스트에 비해 세밀하고 정보의 밀도가 높습니다. 사진 가공으로 일러스트를 제작할 때 정보의 밀도를 줄여주는 데포르메를 적용합니다. Photoshop의 [필터 갤러리] 기능을 이용하면 사진의 정보량을 단숨에 줄일 수 있습니다.

원본 사진 　　　　　　　　　일러스트

Photoshop의 필터 갤러리 기능

❶ 원본 사진을 불러온다

가공할 사진을 Photoshop으로 불러옵니다. 사진의 해상도가 너무 낮으면 디테일이 뭉개지므로 해상도가 최대한 높은 사진을 선택합니다.

❷ 필터 갤러리를 선택

[필터] → [필터 갤러리]를 선택합니다.

❸ 필터 효과를 선택한다

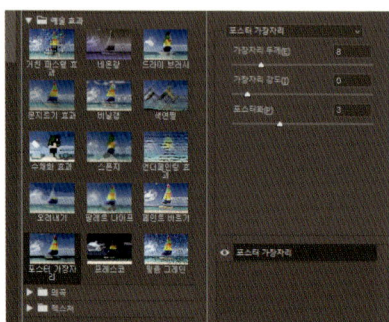

[예술 효과]에서 적용하고 싶은 이미지의 효과를 선택합니다.

❹ 효과의 값을 조절하고 적용한다

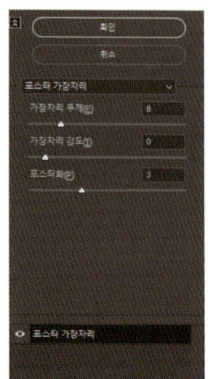

브러시의 크기나 밀도 등을 미리 보기 이미지를 보면서 디테일을 조절하고 [확인]을 클릭합니다. 그런 다음 Photoshop이나 CLIP STUDIO PAINT 등의 소프트웨어에서 직접 수정해 밀도를 낮춥니다.

Chapter 3
구도 선택의 ○×

같은 모티브라도 어떤 앵글로 어떻게 보느냐에 따라서 입체감과 박력이 완전히 달라집니다. 표현에 적합한 구도를 선택하는 방법에 대해 살펴보겠습니다.

Chapter 3 　구도 선택의 OX

입체감을 만들 수 있는 구도는? (2점 투시)

원근 표현에 쓰이는 '투시도법'으로 사물을 입체적으로 그리면 볼거리가 다양해지고 작품의 설득력도 높일 수 있습니다.

투시도법을 이용한다

아래 그림처럼 입방체를 정면에서 본 것을 1점 투시라고 하며, 4개의 모서리에서 그은 선이 교차하는 위치가 소실점입니다. 입방체를 옆에서 보면 2점 투시가 되고, 소실점이 좌우에 1개씩 있습니다. **2점 투시는 깊이 표현에 강하고, 입체감과 거리감을 표현하기 쉬워서** 배경이 평탄하고 단조롭게 느껴질 때 시험해보면 좋습니다.

1점 투시

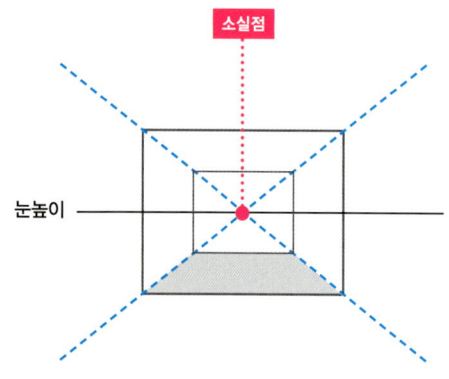

2점 투시

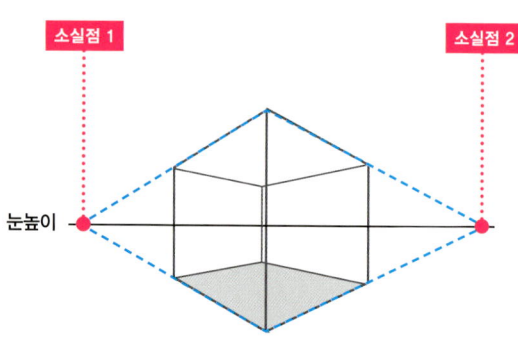

2점 투시에 적합한 장면의 예

건물을 비스듬히 본 2점 투시는 건물의 구조를 쉽게 표현할 수 있고, 규모를 강조하는 효과가 있습니다. 부동산 사이트 등에서 쓰이는 건물 사진도 비스듬한 위치에서 찍은 것이 많습니다. 건물의 입지나 디자인에 따라 차이는 있습니다. 물론 캐릭터를 넣거나 평탄한 표현의 배경이 필요하다면 의도적으로 1점 투시를 사용해도 문제없습니다.

소실점 사이의 거리를 띄운다

2점 투시는 2개의 소실점을 캔버스에 억지로 넣으려고 하면 극단적으로 왜곡된 형태가 됩니다. 자연스럽게 표현하려면 **소실점 2개를 멀리 떨어뜨릴 필요**가 있습니다.

2점 투시의 소실점

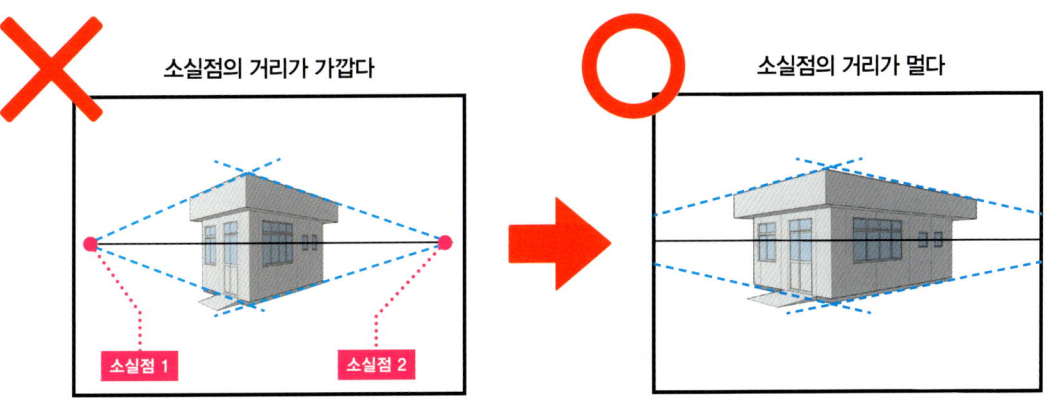

소실점이 가까우면 입체감이 왜곡되어 어색해 보입니다. 적어도 하나의 소실점을 화면 밖에 두면 좋습니다.

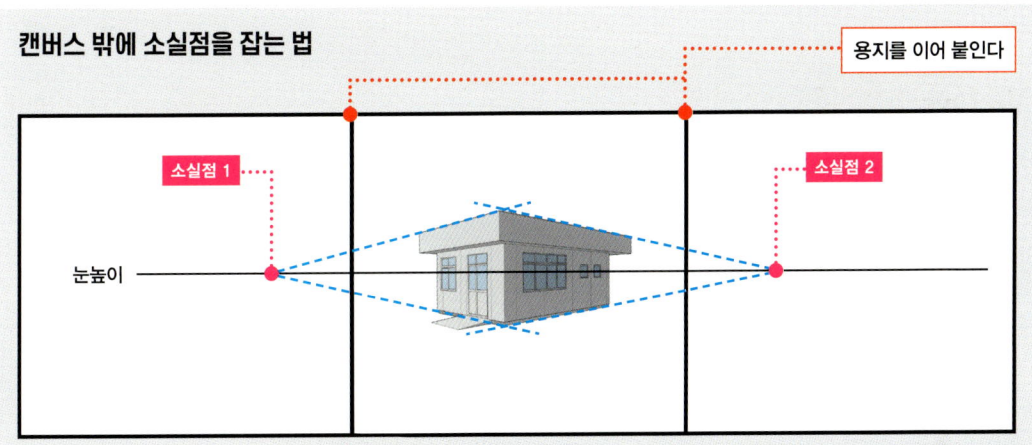

종이에 그릴 때는 좌우에 다른 용지를 이어 붙여서 그리기도 하지만, 그래픽 소프트웨어의 [퍼스자]를 이용하면 어렵지 않게 캔버스 안에서 그릴 수 있습니다.

A 01

➡ **원근감이나 화면에 움직임을 더하고 싶을 때는 2점 투시가 효과적이다**

➡ **2점 투시는 입체감·거리감·규모를 표현하는 데 유리하다**

➡ **두 소실점 사이의 거리에 주의한다**

Chapter 3 구도 선택의 OX

대칭이나 깊이를 표현하려면?
(1점 투시)

28페이지에서 입체감이나 거리감 표현에 적합한 기법으로 2점 투시를 소개했습니다. 하지만 표현하고 싶은 이미지에 따라서 1점 투시가 더 적합할 때도 있습니다.

대칭 구도

대칭 구도란 화면 중앙을 분할해 거울을 맞댄 것처럼 좌우 혹은 상하가 동일한 구도입니다. 화면 중앙에 소실점이 하나인 1점 투시 구도에서는 중앙에 배치한 주역이 돋보이거나 안쪽으로 빨려 들어가는 효과를 표현할 수 있습니다.

신성한 분위기의 연출

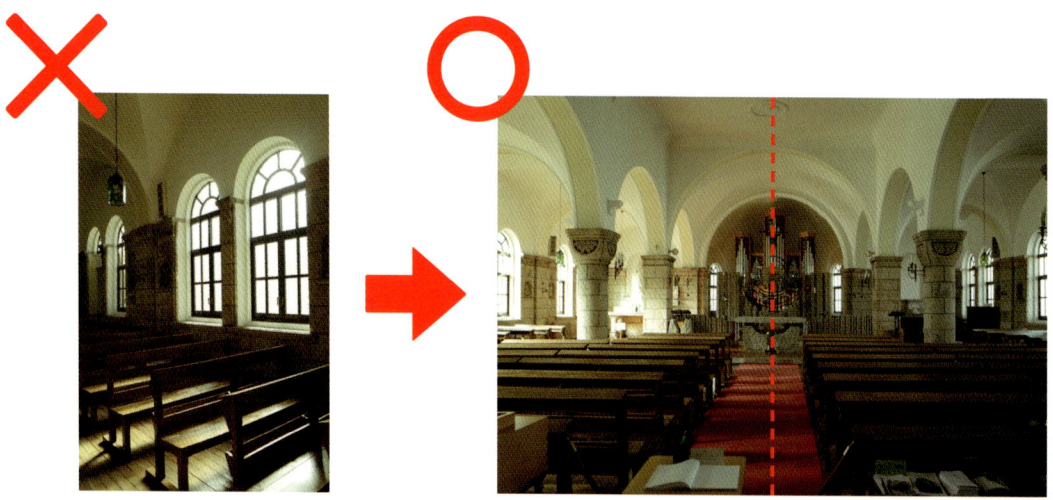

근대의 건축물이나 교회 등은 좌우 대칭인 형태가 많아서 대칭 구도가 적합하고 신성한 분위기가 느껴지기도 합니다.

좌우 대칭

건축물뿐 아니라 자연물과 도로도 같은 모티브가 길게 늘어선 장면에서는 효과적입니다.

상하 대칭(2점 투시)

2점 투시에서도 대칭 구도를 적용할 수 있습니다. 수면 반사 등에 이용하면 상하로 대칭인 구도를 만들 수 있습니다. 반사된 위아래의 화면에 다른 계절을 그리는 식으로 환상적인 세계도 대칭 구도가 효과적입니다.

1점 투시를 이용한 예

대칭 구도 외에도 1점 투시가 유용한 모티브가 많습니다. 예를 들어 너저분한 뒷골목 장면에서 좌우 비대칭으로 사물을 배치하면 생활감을 강조할 수 있습니다. 그 밖에도 1점 투시는 안정감이 있는 구도이므로 방 내부 같은 장면에서 편안함을 연출할 수 있습니다. 용도에 알맞게 잘 구분해서 사용하면 좋습니다.

완전한 하이앵글은 1점 투시가 된다

완전히 위에서 내려다본 구도는 1점 투시가 됩니다. 같은 내려다본 표현으로 쓰이는 3점 투시(P.32)에 비해 화면에 더 많은 정보를 담을 수 있고, 객관성이 높아 신의 시점으로 보는 듯한 감각이 느껴집니다.

뒷골목 등의 깊이 표현

열차 내부나 뒷골목 등 좌우로 긴 벽이 있는 장소는 1점 투시가 깊이를 표현하는 데 적합합니다. 왼쪽의 열차 내부 사진처럼 소실점이 반드시 중앙에 있을 필요는 없습니다.

A 02
➡ 신성한 분위기나 환상적인 인상을 연출하고 싶을 때는 대칭 구도가 효과적

➡ 바로 위에서 내려다본 완전한 1점 투시는 정보량을 많이 담을 수 있고, 객관성이 높다

➡ 좁은 길 같은 깊이의 표현도 1점 투시가 유용하다

Chapter 3 구도 선택의 OX

박력 있는 그림을 그리려면?
(3점 투시·로우앵글)

배경 일러스트에 박력을 더하고 싶을 때는 카메라 앵글을 연구할 필요가 있습니다. 예를 들어 평소 우리가 보는 풍경을 낮은 위치에서 올려다본 로우앵글로 포착하면 세계관 속으로 들어온 듯한 작품을 그릴 수 있습니다.

3점 투시(로우앵글)

피사체를 밑에서 위로 찍은 것을 **로우앵글**이라고 합니다. 로우앵글은 2점 투시에 세로 방향으로 소실점을 추가한 3점 투시를 이용해서 그립니다.

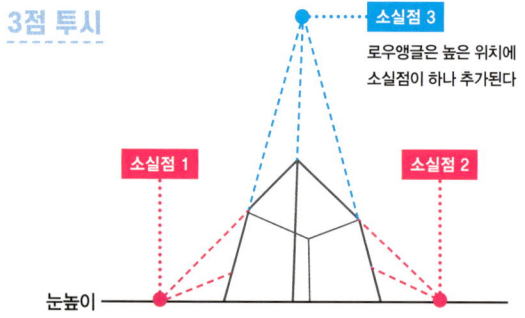

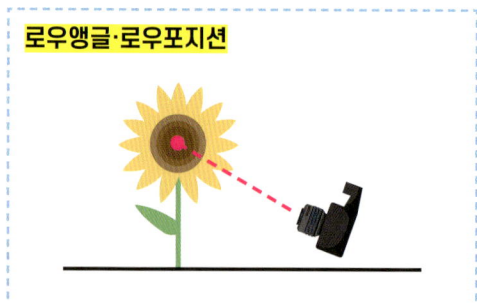

왼쪽이 로우앵글·로우포지션.
오른쪽이 로우앵글·하이포지션.

로우앵글은 위압감이나 박력을 표현할 수 있다

정면 수평앵글로 찍으면 편안하고 안정적인 그림이 됩니다. 건물 옆에서 카메라를 약간 위로 향하게 찍으면(로우앵글) 박력이나 위압감을 연출할 수 있습니다. 특히 건축물은 광각 렌즈와 조합해 효과를 더 강조할 수 있습니다.

로우앵글을 사용한 예

로우앵글은 수평앵글에 비해 화면에서 하늘이나 천장의 비율이 넓습니다. 그래서 날씨나 공간의 정보도 전달하기 쉽습니다.

하늘의 정보를 많이 넣을 수 있다

카메라의 각도가 급할수록 하늘의 비율이 넓어서 개방감 있는 그림이 됩니다. 날씨를 표현할 때나 고층 건물의 높이를 강조할 때 효과적입니다.

계단이나 오르막길

계단이나 오르막길처럼 밑에서 올려다보면 박력이나 거리감을 표현할 수 있습니다. 극단적인 로우앵글에 캐릭터를 조합하면 다리가 길고 머리가 작은 캐릭터의 멋진 비율이 강조되는 효과도 있습니다.

A 03

➡ 박력 있는 그림은 로우앵글이 효과적이다

➡ 사진을 찍을 때 광각 렌즈와 조합하면 효과가 더 강해진다

➡ 화면에 하늘을 넓게 담아 날씨를 표현할 수 있는 것도 로우앵글의 장점이다

Chapter 3 구도 선택의 OX

Q04 길거리를 그리는 데 적합한 구도는?
(3점 투시·하이앵글)

세계관을 알 수 있는 길거리를 표현하고 싶을 때 건물·강·산 등 많은 요소가 화면에 포함됩니다. 높은 위치에서 내려다본 하이앵글을 이용하면 더 많은 정보를 전달할 수 있습니다.

3점 투시(하이앵글)

피사체를 위에서 촬영한 것을 하이앵글이라고 합니다. 로우앵글과 마찬가지로 3점 투시를 이용해 한참 낮은 위치에 소실점을 추가하고 그립니다.

3점 투시

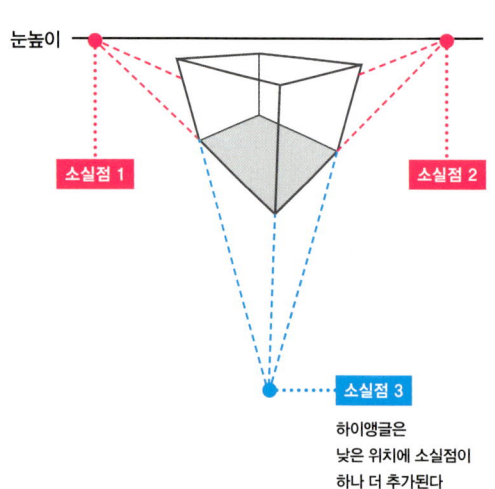

하이앵글은 낮은 위치에 소실점이 하나 더 추가된다

하이앵글·하이포지션

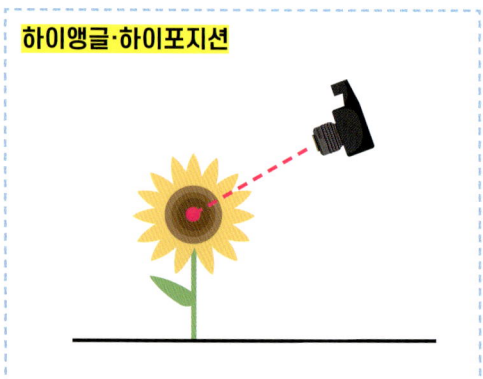

하이앵글은 길거리의 장대함을 연출할 수 있다

많은 정보를 넣으려면 더 높고 큰 각도로 담는다

전망대나 고층 건물 등에서 내려다본 거리를 하이앵글로 촬영하면 많은 정보를 화면에 담을 수 있습니다. 더 많은 정보를 화면에 넣으려면 오른쪽 사진처럼 더 높은 위치에서 찍을 필요가 있습니다. 로우앵글처럼 광각 렌즈가 잘 어울리고, 더 넓은 범위를 보여줄 수 있습니다.

요즘은 평소에 사진 찍을 일이 많을 텐데, 요리 사진도 전체의 모습을 전달하기 쉬운 하이앵글을 주로 사용합니다. 높이를 보여주고 싶은 햄버거 같은 요리는 수평앵글로 찍을 때도 많습니다.

하이앵글을 사용한 예

34페이지에서 소개했듯이 하이앵글·하이포지션은 화면에 많은 정보를 담을 수 있지만, 하이앵글로 연출할 수 있는 분위기는 이외에도 있습니다.

지면·수면의 면적을 넓게 담을 수 있다

로우앵글과 반대로 카메라의 각도를 아래쪽으로 기울이면 화면에 지면의 정보를 많이 담을 수 있습니다. 따라서 바다나 호수 등의 수면, 높이에 차이가 있는 계단에서는 위에서 내려다보는 느낌으로 카메라를 설정하면 더욱 매력적으로 전달하기 쉬워집니다.

피사체의 귀여움을 강조할 수 있다

생물 외에도 피사체를 하이앵글로 포착하면 애교나 귀여움을 강조할 수 있습니다. 카메라 포지션을 높게 잡아서 작은 대상을 더 작게 표현하는 것이 가능합니다.

A 04

➡ 길거리처럼 화면에 많은 정보를 넣고 싶을 때는 하이앵글이 효과적이다

➡ 로우앵글과 마찬가지로 광각 렌즈와 조합하면 효과가 더 강해진다

➡ 하이앵글은 지면을 보여주고 싶을 때나 피사체의 귀여움을 강조할 수 있다

Chapter 3 구도 선택의 OX

Q 05 사진 소재를 효과적으로 잘라내려면?

사진을 이용한 트레이싱이나 사진 가공으로 배경 일러스트를 그리기 전에 불필요한 부분을 잘라낼 필요가 있습니다. 완벽한 사진을 찍기가 힘든 탓에 잘라내는 과정도 중요한 작업입니다.

잘라내는 방법

잘라내는 주된 목적은 불필요한 정보를 삭제하고 왜곡을 조절하는 것입니다. 우선 각도를 조절해 왜곡을 바로잡고 불필요한 정보를 잘라내는 순서로 진행하면 좋습니다.

불필요한 정보를 배제한다

✗

왼쪽 사진을 화면 중앙의 계단과 전봇대나 벽처럼 수직인 요소를 기준으로 화면을 회전시켜 각도를 조절합니다. 화면에 담고 싶은 것이나 주역의 정보를 중심으로 처리합니다.

○

중앙의 계단이 수평, 전봇대가 수직이 되었습니다. 화면에 움직임을 더하려고 의도적으로 기울여서 잘라내기도 합니다.

잘라내기의 장단점

잘라낼 때는 정보의 정리나 왜곡의 수정과 함께 세부에도 주의할 필요가 있습니다. 예를 들어 구성 요소의 가장자리가 화면 경계와 맞닿으면 어딘가 어색한 위화감이 생깁니다.

세부에 주의해서 잘라낸다

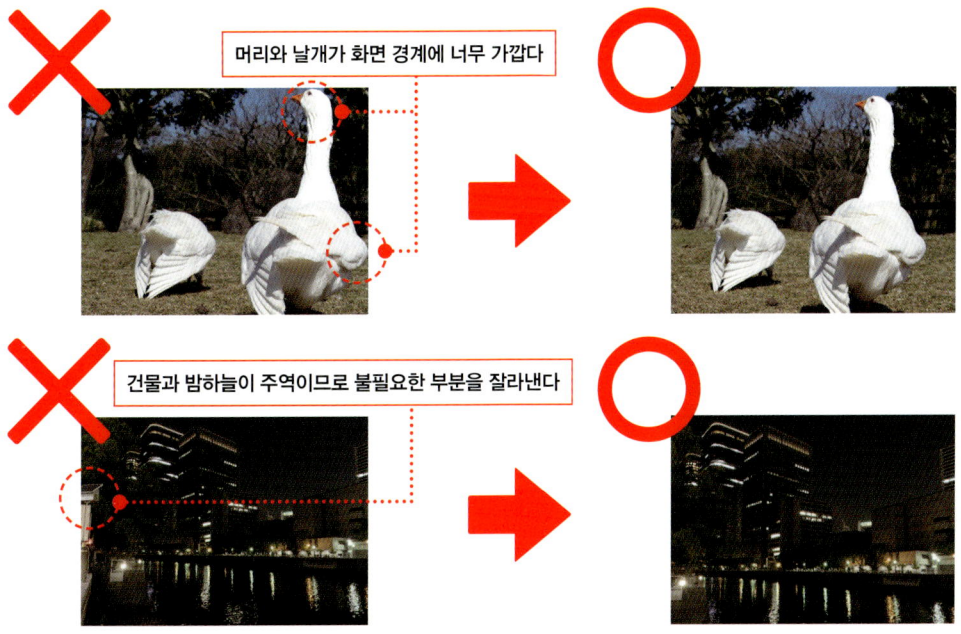

머리와 날개가 화면 경계에 너무 가깝다

건물과 밤하늘이 주역이므로 불필요한 부분을 잘라낸다

화면을 기울여보자

사진을 바탕으로 제작한 일러스트입니다. 수평으로 찍은 안정감 있는 구도지만 딱딱한 인상입니다. 각도를 바꿔서 수평선을 기울이면, 그림에 움직임과 속도감을 더할 수 있습니다.

A/05
- ➡ 테마에 어울리지 않는 정보를 잘라낸다
- ➡ 사진의 왜곡을 보정한다
- ➡ 때로는 화면을 기울여 움직임을 더한다

Chapter 3 구도 선택의 OX

Q06 부족할 때는 무엇을 더하면 좋을까?

일러스트를 어느 정도 완성하기는 했는데, 뭔가 좀 부족하고 화면이 허전한 느낌일 때 보완하는 방법을 소개합니다.

정보의 정리/덧셈을 한다

주로 쓰는 방법은 **모티브를 매력적으로 그리는 것과 테마를 강조하는 것**입니다. Chapter 1에서도 말했듯이 무작정 구성 요소를 추가하면 화면이 엉망일 뿐인 일러스트가 될 수 있어 위험합니다. 모티브의 선택만큼이나 각 모티브를 최대한 매력적으로 그리는 것이 중요합니다.

묘사의 정보 정리

정보량을 늘린다

묘사와 요소의 정보량을 늘려서 일러스트의 매력을 높이면 완성도 역시 높아 보입니다. 위의 예는 역·하늘·캐릭터라는 심플한 요소와 최소한의 색으로 그렸기 때문에 앞쪽에 레이어(요소)를 추가하거나 하늘의 묘사량을 높이는 형태로 조절했습니다. 모두 꼼꼼하게 묘사할 필요는 없지만, 묘사가 약한 부분이 쓸데없이 눈에 띄면 전체적으로 대충 그린 인상을 주고 작품의 평판을 떨어뜨리기 쉽습니다.

테마의 정보 정리

묘사를 무작정 늘리면 오히려 어색한 화면이 될 가능성이 있습니다. **특히 테마를 강조하는 요소의 덧셈을 우선**하면 좋습니다.

테마를 보완(강조)하는 요소를 더한다

중앙의 수면이 특히 매력적인데, 이 부분의 밀도가 낮아서 전체의 밸런스를 잡으려고 잉어를 그려 넣었습니다. 전체를 녹색으로 통일했으므로, 포인트색을 넣는 이유로도 빨간색 잉어가 효과적입니다.

계절을 과장한다

왼쪽은 겨울 가로수길을 그린 예입니다. 겨울이라고 해도 다양한 겨울이 있으므로, 어떤 겨울을 선택해서 그릴지 확실하게 정한 뒤에 시작하는 것이 중요합니다. 그 장소가 가장 아름답고 매력적으로 보이는 계절을 선택하면 더 많은 공감을 얻기 쉽습니다.

A 06

➡ **묘사가 부족한 부분이 도드라지면 전체의 완성도가 낮아 보인다**

➡ **모티브와 색의 정보량이 부족하면 꼼꼼하게 묘사한다**

➡ **테마를 매력적으로 강조할 수 있는 요소를 우선적으로 더한다**

Chapter 3 　구도 선택의 OX

구도가 뒤엉켰을 때는?

넣고 싶은 요소를 너무 많이 담거나 지나치게 세밀한 묘사는 감상자가 어디를 보아야 좋은지 알 수 없게 만듭니다.

사진에서 정보의 정리/뺄셈을 한다

19페이지에서 설명했듯이 일러스트는 현실의 대상을 생략하거나 과장해서(데포르메) 매력적으로 그립니다. 아래와 같이 사진과 일러스트를 비교해보면, 정보량(밀도)의 차이를 알 수 있습니다.

묘사의 정보 정리

❌ 사진　　　⭕ 일러스트

깔끔해 보이도록 불필요한 이끼나 탁한 부분을 지운다

사진으로 제작한 일러스트가 매력적인 그림이 되려면 정보의 취사 선택이 중요합니다. 위의 예는 수중의 탁한 부분을 줄여(정보의 뺄셈), 물이 깨끗해 보이도록 투명도가 높아지게 그렸습니다. 사진에 있던 수면의 파문이 밀도가 높아서 매력적이므로, 주위의 나무와 풀 등의 묘사량을 줄여 수면이 더 돋보이게 조절했습니다.

테마의 정보 정리

정보를 정리하는 과정에서 가장 중요한 것은 테마에 적합한 정보량의 조절입니다. **테마나 스토리가 부각되도록 요소를 정리해 시선을 유도**합니다.

정보를 정리해 시선을 유도한다

밀도가 높은 그림 속에 밝은 흰색인 면이 있으면 감상자의 시선이 자연히 그쪽으로 흘러갑니다. 사진의 시점에서는 흰색으로 빈 부분이 화면의 여러 곳에 있으므로 시선이 분산됩니다. 위의 일러스트는 명도가 가장 높은 부분을 캐릭터에게 할당하고, 화면의 네 귀퉁이는 어둡게 조절해 캐릭터에게 시선이 집중되게 조절한 것입니다.

'의도적으로 그리지 않는다'

12페이지에서 테마에 맞는 모티브를 그리면 보는 사람에게 주제를 명확히 전달할 수 있다고 소개했습니다. 하지만 때로는 테마에 맞는 모티브를 화면에 그리지 않고 스토리에 깊이를 더하는 표현 방법도 있습니다.

왼쪽의 예는 우산 없이 서 있는 소녀 옆에 우산을 씌운 골판지 상자를 그려서 그 속에 버려진 고양이가 있는 건가… 하는 상상의 여지를 더한 것입니다. 굳이 고양이를 그리지 않고도 '골판지 상자 = 버려진 고양이'처럼 우리가 이미 공유하고 있는 이미지를 이용해 보는 사람이 상상하도록 유도할 수 있습니다.

테마의 전달 속도는 떨어지지만 때로는 무척 효과적인 작용을 합니다.

본래는 버려진 고양이를 그려 넣는 편이 더 쉽게 전달된다

A/07
- ➡ 보여주고 싶은 것으로 시선이 집중되도록 묘사의 양을 조절한다
- ➡ 명도를 조절해 시선을 유도한다
- ➡ 직접 그리지 않고 상상의 여지를 만든다

Q08 주역을 강조하는 데 효과적인 구도는?

Chapter 3 구도 선택의 OX

캐릭터의 유무로 화면 속에 주역이 달라지기도 하는데, 배경뿐인 일러스트에도 반드시 주역이 존재합니다. 사진을 찍을 때 많이 쓰이는 주역의 존재감이 강한 대표적인 구도를 소개합니다.

원형 구도

주역을 중앙 부근에 배치한 구도입니다. 주역을 명확하게 표현할 수 있는 장점이 있지만 그림이 너무 단조로울 수 있습니다.

원형 구도를 이용한 예

초상화처럼 인물이 주역인 그림에 잘 어울립니다. 사물을 크게 잡아 배경이 흐려져도 효과적입니다.

결과물이 밋밋할 때의 대책

① 주역에서 카메라를 멀리 띄운다

카메라의 거리를 주역에서 먼 위치에 설정하면 화면에 담을 수 있는 정보량이 증가합니다.

② 가장자리로 옮긴다

주역을 화면 중심에서 가장자리로 옮기기만 해도 인상이 달라집니다. 대상을 기울여서 찍으면 움직임이 생겨 좋습니다.

삼각 구도

삼각형에 가까운 모티브를 배치하면 화면에 안정감이 생깁니다. 건물·길·인물 등에 이용할 수 있고 3개의 꼭짓점에 각각의 모티브를 배치해 밸런스를 잡는 방법도 있습니다.

삼각 구도를 이용한 예

  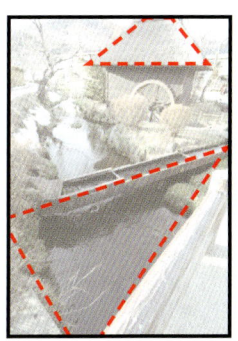

삼각형을 크게 키우는 만큼 묵직한 인상이 되고, 기울이면 움직임이 있는 인상이 됩니다. 크기가 다른 여러 개의 삼각형을 화면에 담으면 리듬을 만들 수 있습니다.

프레임 구도

액자나 터널처럼 근경에 어두운 모티브를 배치하고, 안쪽에 밝게 뚫린 부분을 만드는 구도입니다. 안쪽에 배치한 모티브가 가장 돋보이고 인상적입니다. 창문이나 식물 등으로 근경을 둘러싸는 방법도 효과적입니다.

프레임 구도를 이용한 예

자연스럽게 시선이 향하는 프레임 안쪽에 주로 주역을 배치합니다. 주위가 너무 어두우면 화면 전체가 무거워지니 주의합니다.

S자 구도(알파벳 구도)

알파벳의 S자를 의식하고 배치한 구도입니다. 원근감과 함께 부드러운 인상도 연출할 수 있습니다.

S자 구도(알파벳 구도)를 이용한 예

S라인을 따라 벚꽃을 배치해 부드러운 움직임을 더했습니다.

전봇대나 열차 등의 직선적인 모티브 사이에 S자를 넣으면 인상이 너무 딱딱해지는 것을 막아줍니다.

대각선 구도

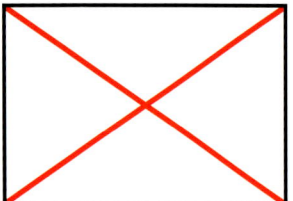

대각선을 따라서 모티브를 배치한 구도입니다. 화면에 움직임을 더하거나 깊이를 강조하는 데도 유리합니다. 비스듬한 라인을 강조하면 속도나 불안정함을 연출할 수 있습니다.

대각선 구도를 이용한 예

캐릭터를 중심에 두고 대각선을 따라 손이나 물고기 등을 배치합니다. 비교적 안정감을 연출하기 쉬운 삼각형 구도에 비해, 윗부분에도 요소를 더할 수 있어 안정감과 움직임을 동시에 표현할 수 있습니다.

대각선을 한쪽만 이용하는 것도 가능합니다. 캐릭터를 한쪽 대각선에 맞춰서 오른쪽으로 옮겼더니 중심이 쏠려 불안정해졌습니다.

대각선에 맞춰서 길을 배치하면 깊이감이 강해지고, 앞쪽에서 길 끝으로 시선을 유도할 수 있습니다.

그림의 방향과 보는 사람의 시선 습관

진행 방향 끝에 여백을 둔다

보트를 찍은 사진입니다. 보트 방향의 영향도 있지만, 왼쪽의 여백으로 나아가는 듯한 느낌이 듭니다.

진행 방향의 심리는 캐릭터가 바라보는 방향에도 활용할 수 있습니다. 캐릭터의 시선은 카메라로 향하지만, 왼쪽 방향으로 세워서 보는 사람의 시선을 유도하는 방법도 있습니다. 캐릭터를 반전하면 여백이 없어 답답한 인상이 됩니다.

보는 사람의 시선 습관

44페이지의 보트를 찍은 사진을 좌우로 반전한 것입니다. 보는 사람에 따라서는 이쪽이 더 좋을지 모릅니다. 이것은 보는 사람의 시선 습관과 관계있습니다.

왼쪽에서 오른쪽의 법칙

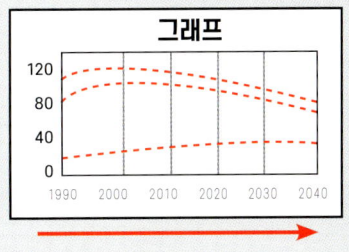

달력이나 그래프 등도 대부분 왼쪽에서 시작합니다. 이런 것에 익숙한 탓에 반대로 배치되어 있으면 '뭔가 이상하다'라는 심리적인 저항감이 듭니다.

일러스트의 예

문자를 세로로 쓰는 일본은 이야기의 흐름이 오른쪽에서 왼쪽으로 진행합니다. 이런 문화의 영향인지 일러스트의 캐릭터가 왼쪽으로 향하고 있어도 크게 위화감을 느끼지는 못합니다. 오히려 더 자연스럽게 느끼는 사람이 많다고 생각합니다.

예를 보아도 알 수 있듯이 사람은 습성보다는 매체를 접한 행동 습관에 따라 위화감을 느끼는 정도가 다르다고 생각합니다.

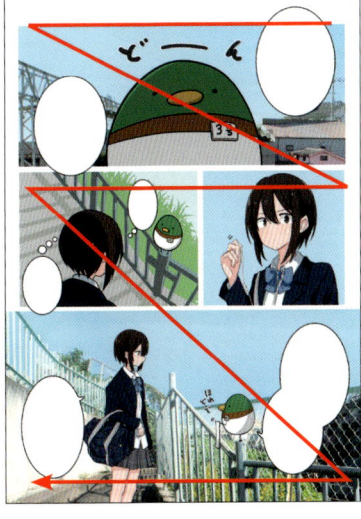

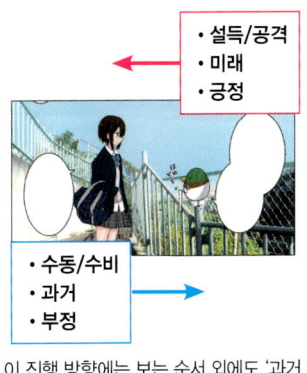

- 설득/공격
- 미래
- 긍정

- 수동/수비
- 과거
- 부정

이 진행 방향에는 보는 순서 외에도 '과거↔미래', '수비↔공격' 등의 인상이 포함됩니다.

A 08

➡ 원형 구도는 주역을 명확하게 알기 쉬워서 주역의 위치를 조금씩 옮기면 단조로움을 피할 수 있다

➡ 삼각 구도는 안정감을 만들기 쉽고 여러 개의 삼각형을 사용해 리듬을 만들 수 있다

➡ 프레임 구도는 안쪽의 인상을 바꾸는 효과가 있다

COLUMN

퍼스자 사용법

스냅 기능이 있는 CLIP STUDIO PAINT의 [퍼스자] 도구를 사용하면 효율적인 작업이 가능합니다.

❶ 퍼스자의 기초

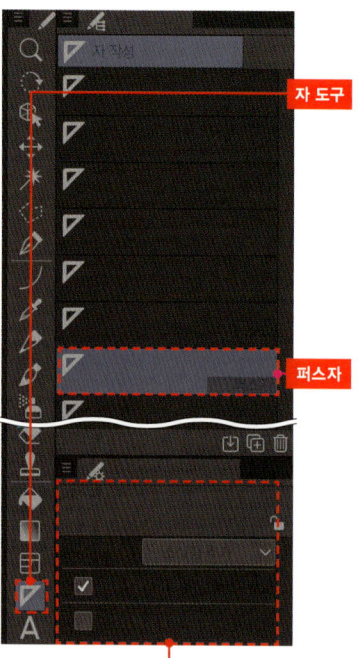

투시도법 변경
체크를 하면 소실점을 추가해 1점 투시 → 2점 투시 → 3점 투시로 변경할 수 있습니다.

편집 레이어에 작성
체크를 하면 편집 중 레이어에 퍼스 가이드가 작성됩니다. 체크를 해제하면 신규 레이어에 퍼스 가이드가 작성됩니다.

❷ 러프에서 소실점을 산출한다(2점 투시)

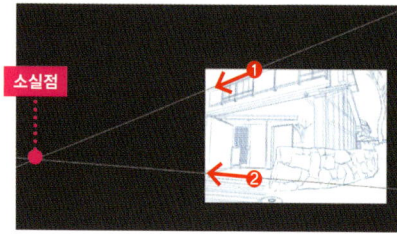

[자] → [퍼스자]를 선택하고 그림의 ❶❷처럼 러프의 투시에 맞춰서 2회 드래그합니다. 그러면 소실점이 1개 작성됩니다. 2줄이 한 세트이므로, 실패했을 때는 두 번째 줄을 작성한 뒤에 [Ctrl + Z]를 눌러서 다시 작성합니다.

❸ 소실점과 눈높이를 작성한다

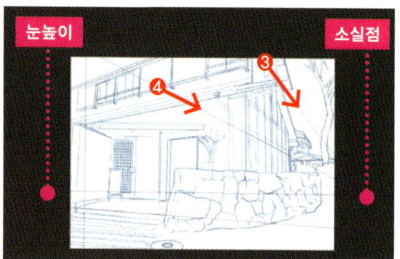

같은 요령으로 ❸❹처럼 2회 드래그하고 두 번째 소실점을 작성합니다. 그러면 2개의 소실점을 기준으로 눈높이가 작성됩니다.

❹ 눈높이를 수평으로 설정한다

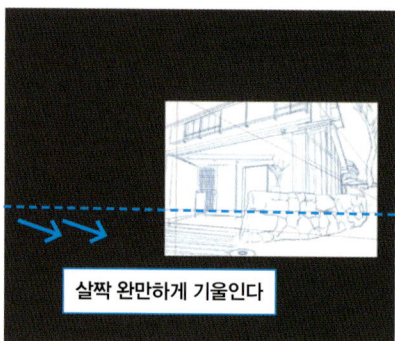

살짝 완만하게 기울인다

현재로서는 눈높이가 살짝 기울어져 있으므로 수평이 되게 조절합니다.

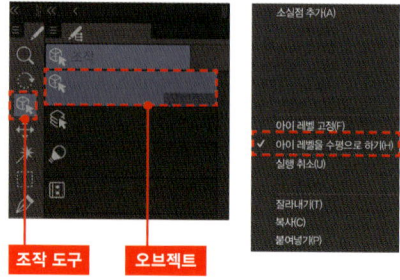

[조작 도구] → [오브젝트]를 선택하고, 배치한 퍼스자를 아무거나 클릭하면 눈높이에 녹색 ■가 표시됩니다. 이 ■를 오른쪽 클릭하고 [아이 레벨을 수평으로 하기]를 선택하면 끝입니다.

Chapter 4
원근법의 ○×

Chapter 3에서 투시도법을 살펴보았는데 그 밖에도 소실원근법, 공기원근법, 색채원근법 등 배경 일러스트에서 원근을 표현하는 다양한 방법이 있습니다.

Chapter 4 원근법의 OX

정보량의 차이로
원근감을 표현한다?(소실원근법)

일러스트의 원근감을 제대로 표현하고 싶을 때 유용한 것이 원근법입니다. 현실의 풍경을 보았을 때 이상으로 거리감을 강조할 수 있고, 보여주고 싶은 것을 더 돋보이게 하는 효과도 있습니다.

소실원근법

소실원근법이란 멀리 있는 대상일수록 흐릿하게 보이는 시각 효과를 이용한 기법입니다. 앞쪽에 초점을 맞추고, **화면의 안쪽으로 갈수록 연한 선으로 간략하게 묘사하거나 흐림 효과를 더해** 거리를 연출합니다.

안쪽으로 갈수록 간략하게

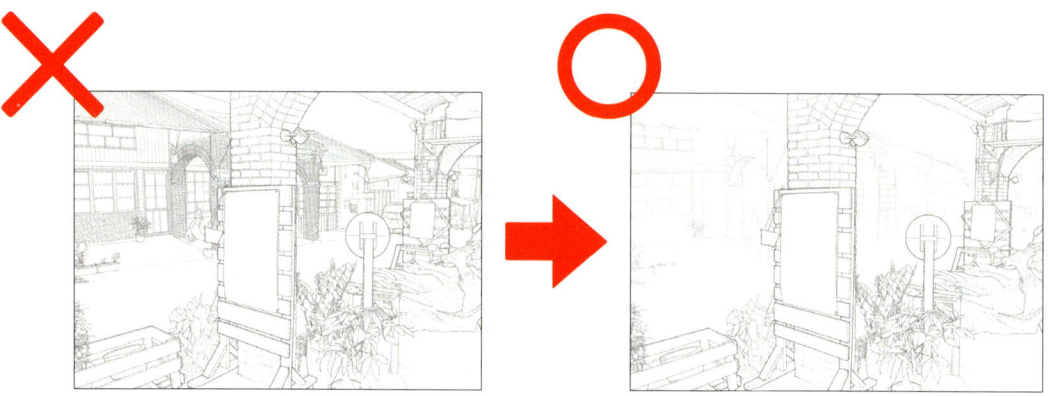

컬러 일러스트의 예

소실원근법의 원리대로 안쪽을 간략하게 묘사해, 앞에 배치한 캐릭터의 존재감을 더 강조했습니다. 멀리 있는 대상일수록 푸르스름하게 보이는 공기원근법(P.50)의 효과도 더해 거리감을 더 높였습니다.

근경에는 밀도가 높은 모티브를

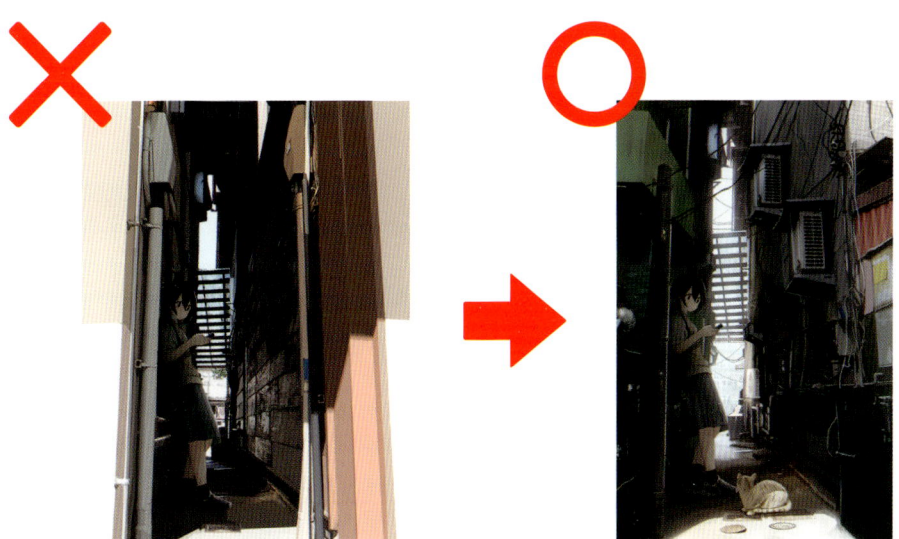

원경에 비해 근경의 밀도가 너무 낮으면 원근감이 약한 그림이 되기 쉽습니다. 다만 러프를 구상하면서 앞쪽에 미리 밀도가 높은 모티브(전선이나 실외기 등)의 배치를 가정해두면 회피할 수 있습니다.

앞쪽은 흐릿하게

원경을 간략하게 묘사하는 것과 반대로 앞쪽에 있는 모티브를 흐릿하게 처리하는 중경에 초점을 맞춘 연출법입니다. 필요 이상으로 원경에 시선이 집중되는 것을 방지하고, 카메라로 찍었을 때와 같은 효과를 얻을 수 있습니다. 윤곽선이 남도록 효과적으로 흐림 효과를 적용하는 법은 62페이지에서 설명합니다.

A / 01

➡ 소실원근법을 적용해 원경을 간략하게 묘사한다

➡ 구도를 구상하는 단계에서 근경에 밀도가 높은 모티브를 배치한다

➡ 근경의 묘사가 지나치면 흐림 효과로 밀도를 조절할 수 있다

Chapter 4 원근법의 OX

사실적인 거리감을 표현하려면? (공기원근법)

공기원근법을 적용하면 화면에 거리감이 생깁니다. 소실원근법과 비슷하지만, 거리감을 연출하기 위해 '지나친 묘사를 피하는' 소실원근법과 반대로 공기원근법은 '공기를 그리는 느낌'으로 적용합니다.

공기원근법

'**멀리 있을수록 푸르스름하게 흐려져서 명확하게 보이지 않는**' 대기가 가진 효과를 이용한 원근법입니다. 원경을 간략하게 그리거나 흐릿하게 다듬어 거리감을 표현합니다.

모티브 사이의 거리가 가까워도 이용할 수 있다

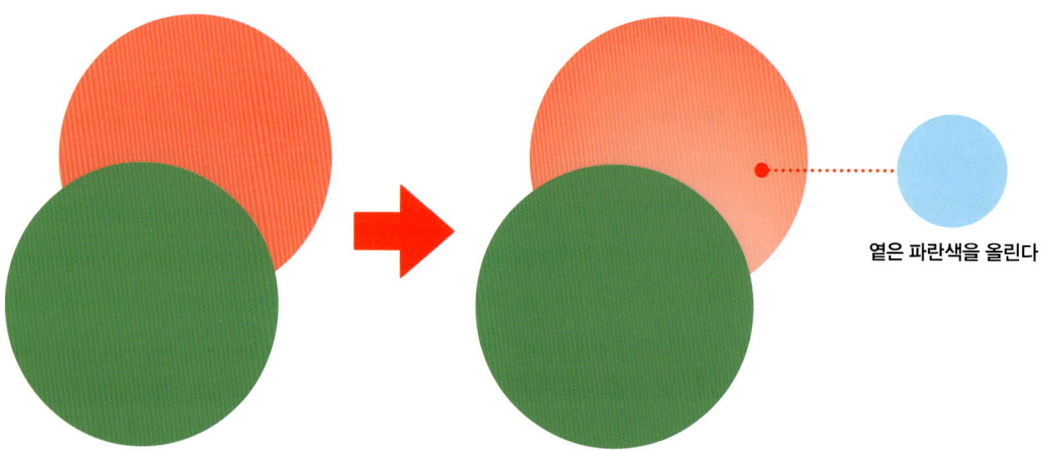

옅은 파란색을 올린다

앞쪽의 모티브와 그 뒤에 있는 모티브 사이에 공기원근법의 효과를 넣으면, 원근감이 생기면서 앞쪽에 있는 모티브의 윤곽이 또렷해집니다. 채도가 높은 색이 겹쳤을 때 발생하는 색의 경계가 흐릿하게 보이는 헐레이션 효과를 줄일 수 있습니다.

인공물의 예

산처럼 거리가 멀리 떨어진 대상이 아니라도 공기원근법을 활용해 거리감을 표현하는 것이 가능합니다. 오른쪽의 예는 주택가의 안쪽으로 들어갈수록 푸르스름한 안개가 짙어지는 효과를 넣었습니다. 앞쪽에 배치한 잎 등의 요소가 더 식별하기 쉬워지고 깔끔한 화면이 되었습니다.

석양의 예

원경이 대기의 영향을 강하게 받는 석양도 색감이 달라집니다. 오른쪽 예는 약간 극단적이지만 석양이라고 단순히 빨간색이나 오렌지색을 더하는 것이 아니라 옅은 파란색이 나타납니다.

A 02
→ 공기원근법을 적용해 원경을 푸르스름하게 처리한다
→ 근접한 모티브 사이에 공기원근법을 적용하면 거리감을 연출할 수 있다
→ 석양이라도 원경에 옅은 파란색이 나타난다

Chapter 4 원근법의 OX

원근감을 표현하는 묘사 테크닉이란?

화면을 크게 3개로 분해하고, 각각의 묘사량을 조절해 원근감을 표현합니다. 화면이 어딘가 밋밋할 때는 이 세 가지 구성을 생각해보면 깊이 있는 구도를 만들기 쉽습니다.

근경·중경·원경을 구분해서 그린다

기본적으로 소실원근법, 공기원근법을 적용해 **원경에 가까워질수록 묘사의 밀도를 낮춰서 구분**합니다. 근경의 모티브는 대부분 화면에 크게 들어가므로, 대비가 높은 철 등의 소재(예제에서는 차)를 배치하면 보기 좋습니다.

근경

중경

원경

밀도의 조절과 주역의 배치

중경의 정보량을 높인 만큼 캐릭터가 돋보이도록 근경을 가볍게 처리해 밸런스를 잡았습니다. 원경에는 원근법을 적용해 옅은 파란색을 넣었습니다.

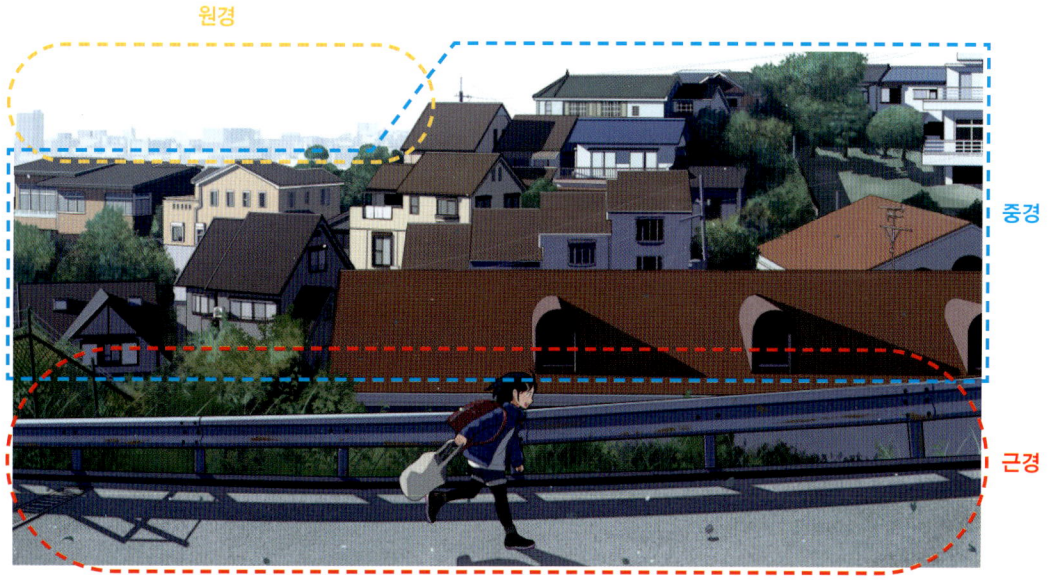

묘사량으로 차이를 둔다

근경·중경·원경에 식물처럼 동일한 모티브가 있을 때 각 영역의 묘사에 차이를 두면 거리감을 표현하기 쉽습니다.

A 03
➡ 근경·중경·원경으로 화면을 구성한다
➡ 소실원근법과 공기원근법을 적용하는 경우 원경일수록 간략하게 처리한다
➡ 같은 유형의 모티브도 거리별로 묘사에 차이를 두면 원근을 표현할 수 있다

Chapter 4 원근법의 OX

색의 시각 효과로 원근을 강조한다? (색채원근법)

묘사량을 조절하는 지금까지 소개한 원근법과 다른 색의 이미지를 이용한 기법이 색채원근법입니다. 색의 시각 효과는 강력하고, 원경에 존재하는 모티브를 강조하는 것도 가능합니다.

색채원근법

색채원근법은 색이 가진 심리적인 효과와 시각(착각) 효과를 이용해 원근을 강조하는 표현입니다. **빨간색 계열의 난색은 '확장색'**이라고 하며, 면적에 비해 크게 보이거나 압박감을 느낍니다. **파란색 계열의 한색은 '수축색'**이라고 하며, 확장색과 반대로 면적에 비해 작게 보이거나 안쪽으로 빨려드는 듯한 느낌이 듭니다.

색의 시각 효과에 따라 주역이 강조되는 정도가 달라진다

캐릭터가 돋보인다 **배경이 돋보인다**

배경과 캐릭터를 난색과 한색으로 구성한 예입니다. 배경의 압박감과 캐릭터의 존재감이 크게 달라집니다.

의도에 어울리는 색채원근법의 효과

확장색인 빨간색 등의 난색은 존재감뿐 아니라 시선을 유도하는 효과도 있습니다. 색채원근법은 전달하고 싶은 테마나 연출하고 싶은 인상에 따라 효과적으로 활용할 수 있습니다.

동일 계열 색의 농담으로 거리감을 표현

왼쪽의 예처럼 원경에 난색을 넓게 사용하면 아무래도 멀리 있는 것처럼 느껴지지 않습니다. 전체의 배색이 뒤죽박죽이라서 제대로 된 석양 표현이 아닙니다. 오른쪽은 근경·중경·원경으로 구성하고 동일 계열 색의 농담으로 거리감을 표현한 예입니다.

멀리 있는 주역을 강조한다

실제로 한색인 파란색 불꽃도 있지만, 더 강조하려면 불꽃 묘사에 난색을 사용하면 좋습니다. 확장색인 난색은 실제보다 더 크게 느껴지고, 멀리에서도 볼 수 있습니다.

A 04
➡ 연출하고 싶은 이미지에 알맞게 확장색과 수축색을 조절한다
➡ 색의 농담으로 거리감을 표현할 수 있다
➡ 원경의 모티브에도 확장색을 사용하면 강조할 수 있다

Q05 투시도에 알맞게 통로와 도로를 그리려면?

Chapter 4 원근법의 OX

통로나 도로는 문과 창문 등의 크기, 캐릭터와의 대비에 주의할 필요가 있습니다.

모티브의 크기에 주의한다

일러스트의 표현은 무한정 자유롭지 않지만, 현실에 있는 사물의 비율을 지키지 않으면 리얼리티를 제대로 표현할 수 없습니다.

측면의 문과 창문을 압축한다

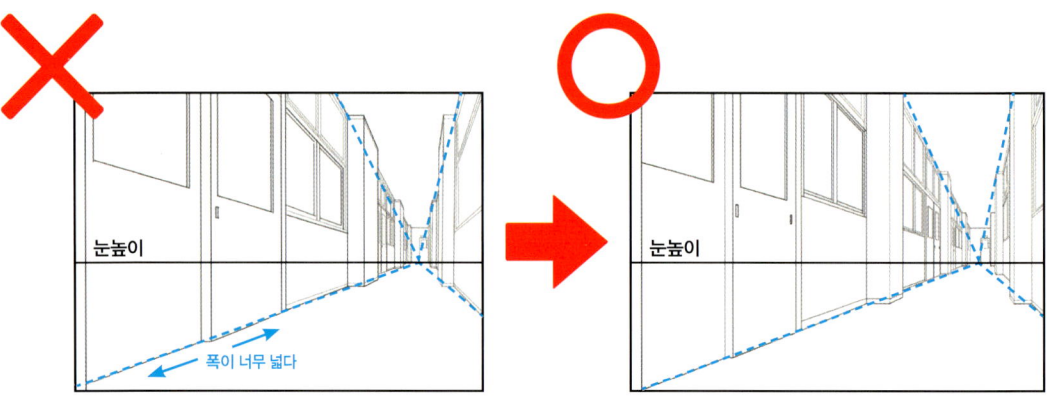

왼쪽의 예제는 문과 창문의 폭이 너무 넓습니다. 무심코 문과 창문의 정보를 너무 많이 넣기 쉬운데, 실제는 더 압축됩니다. 사진 자료를 참고하면서 그리면 좋습니다.

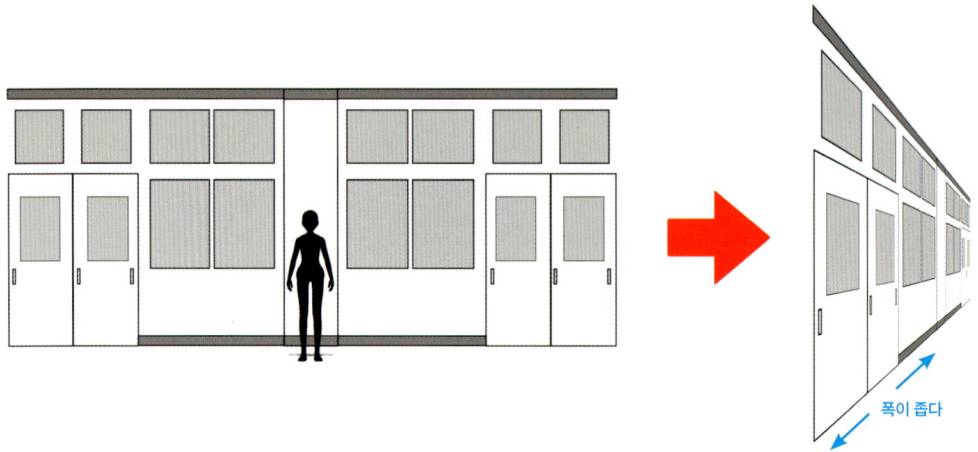

평면에 그린 것을 원근에 맞게 변형하면 안쪽의 문과 창문이 좁아지는 것을 알 수 있습니다. 원근에 알맞은 변형은 소프트웨어를 사용하면 간단하게 할 수 있습니다. Photoshop이라면 [편집] → [변형] → [자유 변형], CLIP STUDIO PAINT라면 [편집] → [변형] → [자유 변형] 혹은 [원근 왜곡]으로 변형합니다.

길의 방향별로 소실점을 추가한다

도로는 실내처럼 똑바른 길만 있는 것이 아니므로 구부러진 길은 어떤 투시도법을 쓰면 좋은지 살펴보겠습니다.

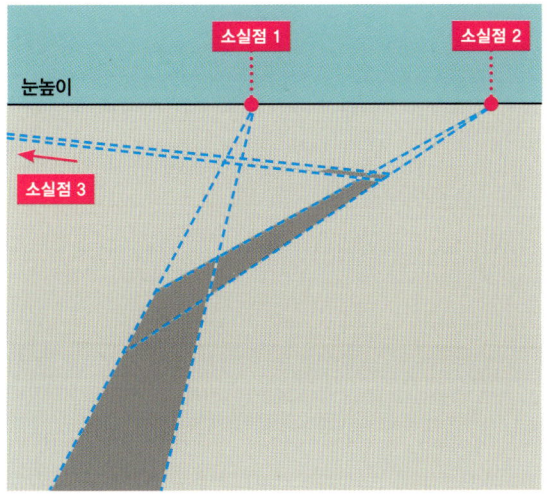
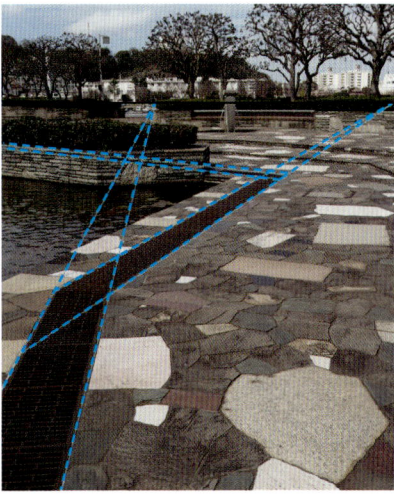

기본적으로 언덕길이 아닌 이상 같은 눈높이에 소실점이 생깁니다. 기준인 길부터 첫 번째 소실점을 설정하고, 방향이 다른 길을 추가할 때마다 소실점을 늘려갑니다.

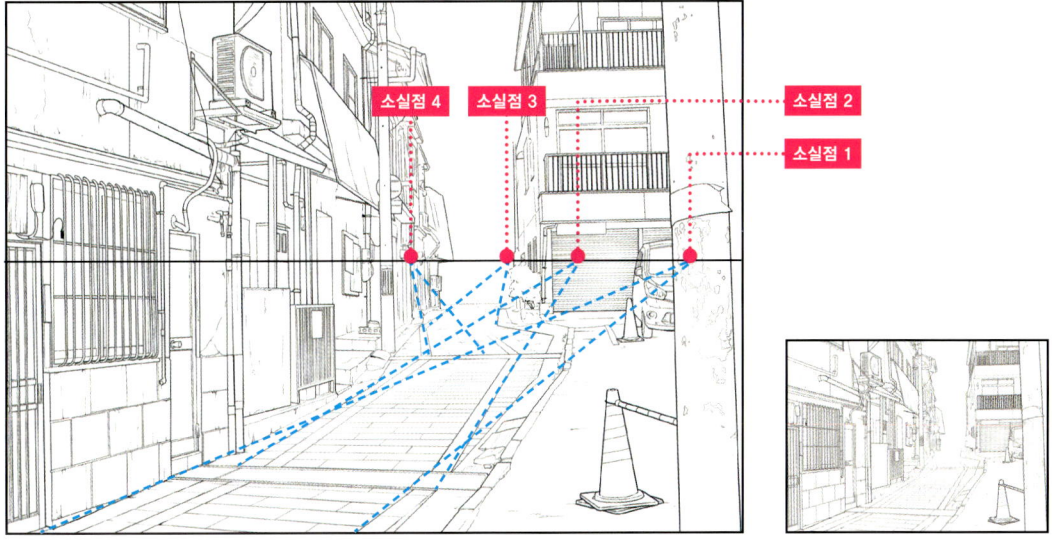

소실점을 활용하면 더 복잡한 길도 그릴 수 있습니다. 너무 복잡하면 퍼스가이드에 의지하지 않고 프리핸드로 그리는 것이 더 편하지만, 타일 등을 그릴 때는 도움이 됩니다.

A 05
→ 도로의 측면에 있는 모티브의 폭에 주의한다
→ 구부러진 길은 같은 눈높이에 새로운 소실점을 추가한다

Chapter 4 원근법의 OX

정확한 투시도로 비탈길을 그리려면?

비탈길을 그릴 때는 새로운 소실점을 추가할 필요가 있습니다. 구부러진 길과 다르게 같은 눈높이에 소실점을 추가하는 것이 아니라 수직으로 그은 선에 추가하고 그립니다.

비탈길과 건물의 관계

사진의 예를 봐도 알 수 있듯이 언덕길에 있는 건물은 기본적으로 지표면에 직각이 아닙니다. 투시도법을 이용할 때는 **건물의 소실점에 비탈길의 소실점을 추가**하고 그립니다.

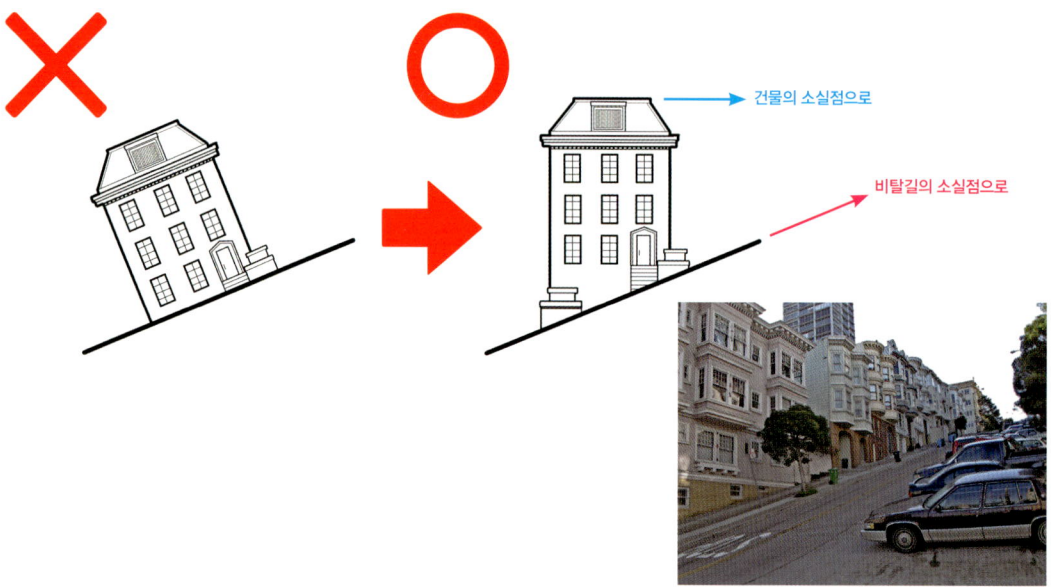

비탈길의 소실점은 눈높이에 없다

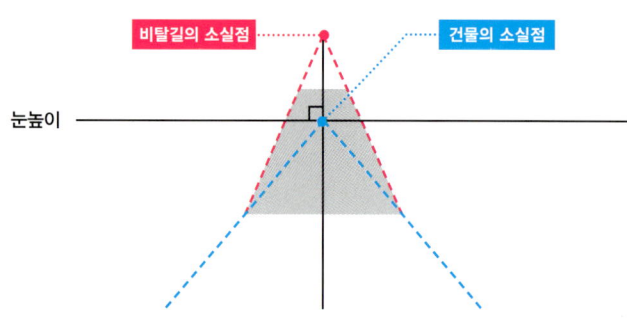

오르막길의 소실점은 수평인 길과 건물의 소실점으로 알 수 있는 눈높이보다 높은 위치에 생깁니다. 수평인 길이나 건물의 소실점에서 수직선으로 긋고, 그 선에 비탈길의 소실점을 작성합니다. 같은 방법으로 계단을 그릴 수 있습니다.

내리막길의 예

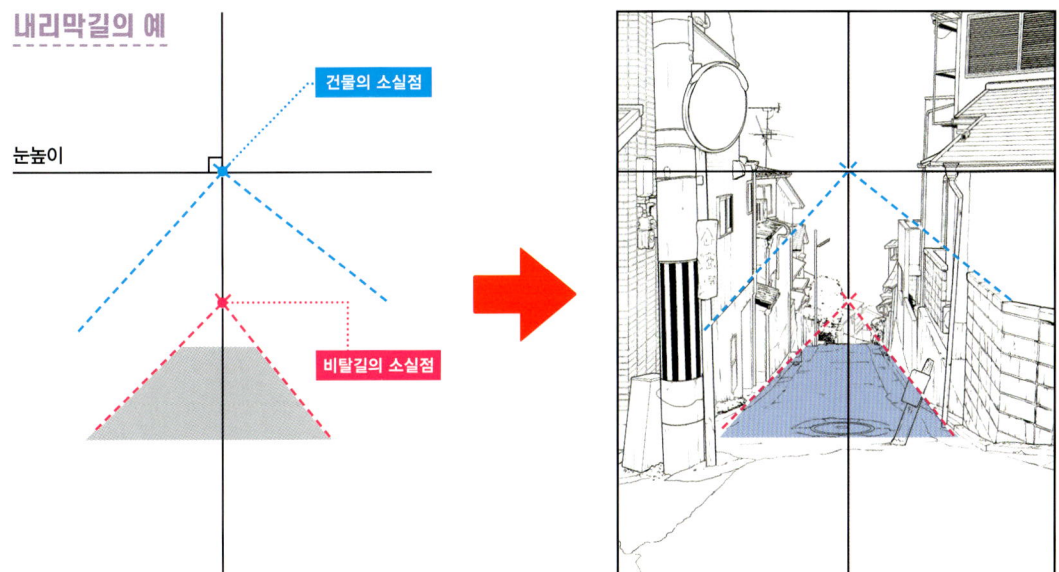

내리막길은 눈높이보다 낮은 위치에 소실점이 생깁니다. 오르막길과 같지만 두 번째 소실점의 간격이 넓으면 경사가 급한 길이 되니 주의가 필요합니다.

비탈길을 반복해서 그릴 때

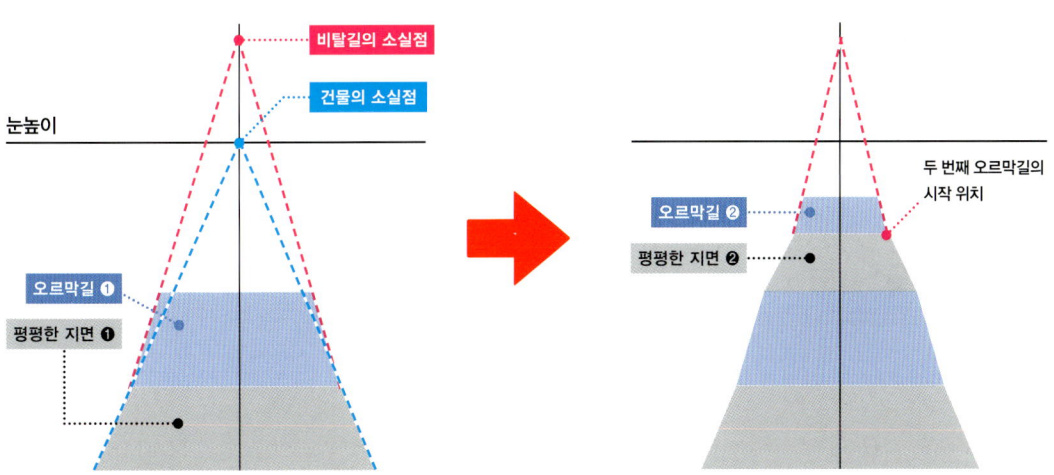

같은 길에 비탈길을 추가할 때 같은 각도라면, 첫 번째 비탈길에 사용한 소실점을 재활용할 수 있습니다. 각도가 다른 비탈길을 추가하고 싶을 때는 수직선에 소실점을 추가로 작성할 필요가 있습니다.

A 06
➡ 비탈길에 있는 건물은 수직이 아니다
➡ 비탈길의 소실점은 눈높이에 생기지 않는다
➡ 소실점 사이의 거리를 너무 떨어뜨리지 않는다

Chapter 4 원근법의 OX

투시도를 기준으로 원기둥을 그리려면?

1점 투시로 그릴 때는 문제가 없지만 2점 투시로 부피가 있는 원기둥 모양의 대상을 그리면 형태가 이질적으로 보이기도 합니다. 특히 인물과 맞닿은 위치에 그리면 왜곡이 도드라지니 주의가 필요합니다.

2점 투시의 예

2점 투시에 맞춰서 원기둥 모양의 대상을 그릴 때는 투시도의 영향으로 왜곡되어 보이기도 합니다. 이론적으로는 전혀 문제가 없지만, 의자 등은 캐릭터에 맞추기가 쉽지 않아서 **1점 투시와 조합해서 그리면 편합니다.**

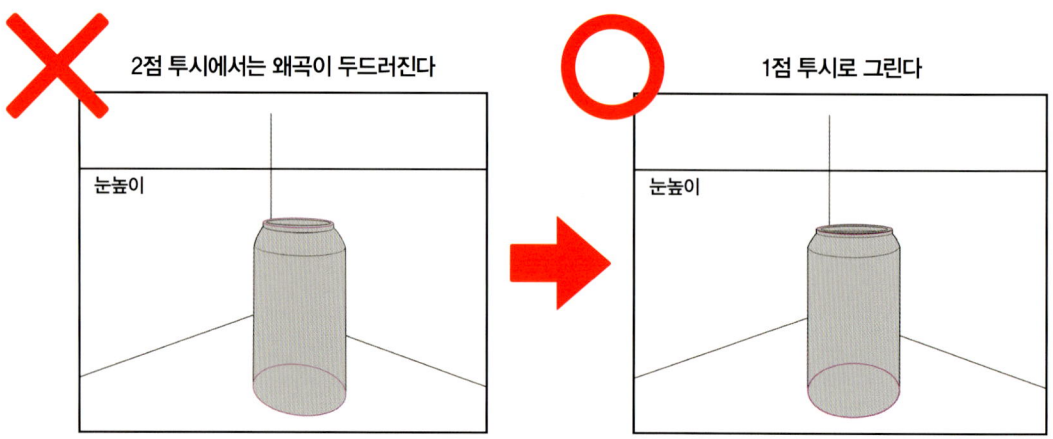

1점 투시로 그리는 편이 자연스럽게 보입니다. 다만 2점 투시를 기준으로 그린 사물이 있으면 위화감이 생기기도 하므로 필요에 따라 적절히 구분해서 쓰면 좋습니다.

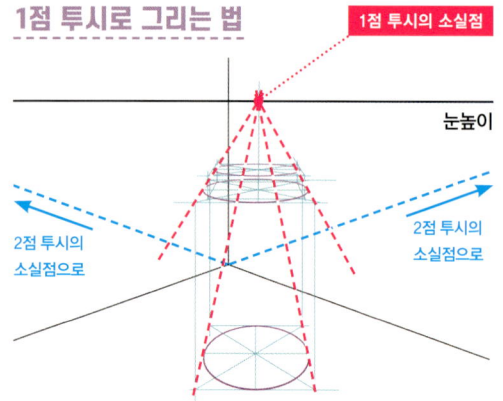

2점 투시 속에 1점 투시의 모티브를 추가할 때는 눈높이에 새로운 소실점을 작성하고 그립니다. 원기둥의 밑면과 윗면이 소실점으로 이어지도록 사다리꼴을 그린 뒤 중심을 관통하는 대각선과 수평·수직으로 보조선을 긋고, 그 속에 원을 그리면 쉽습니다. 프리핸드로 원을 깔끔하게 그리기 어려우므로, CLIP STUDIO PAINT에서는 [타원] 도구를 사용해 원을 그린 뒤 [편집] → [변형] → [자유 변형] 혹은 [원근 왜곡]으로 사다리꼴을 변형하면 그릴 수 있습니다.

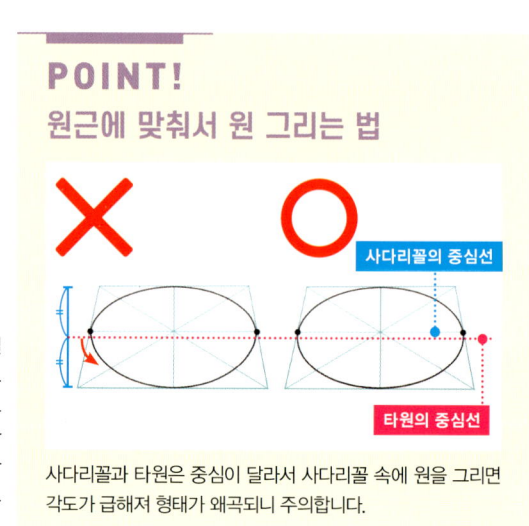

사다리꼴과 타원은 중심이 달라서 사다리꼴 속에 원을 그리면 각도가 급해져 형태가 왜곡되니 주의합니다.

3점 투시의 예와 벽에 가까운 원

3점 투시는 왜곡 없이 그릴 수 있다

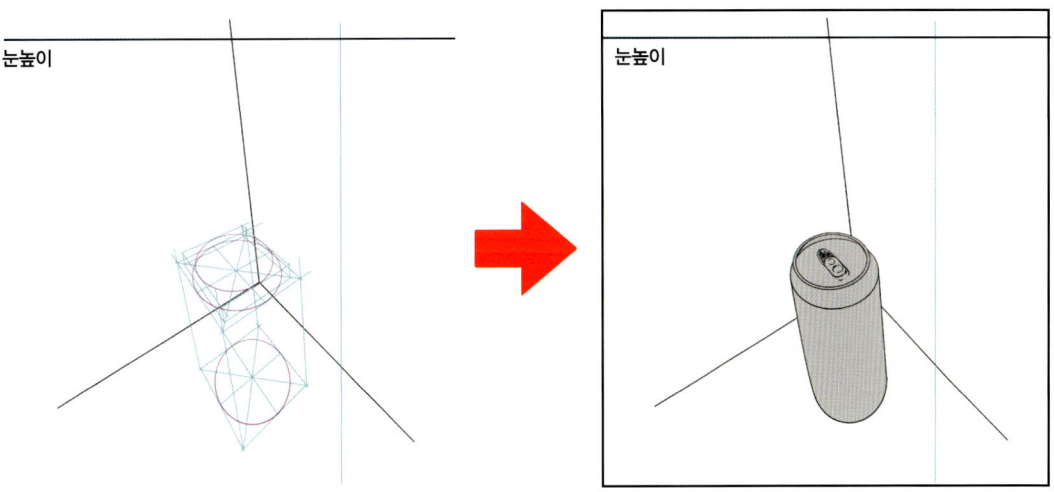

로우앵글이나 하이앵글의 3점 투시는 2점 투시와 같은 문제가 생기지 않아서 투시도를 기준으로 그려도 괜찮습니다.

두께가 거의 없는 원

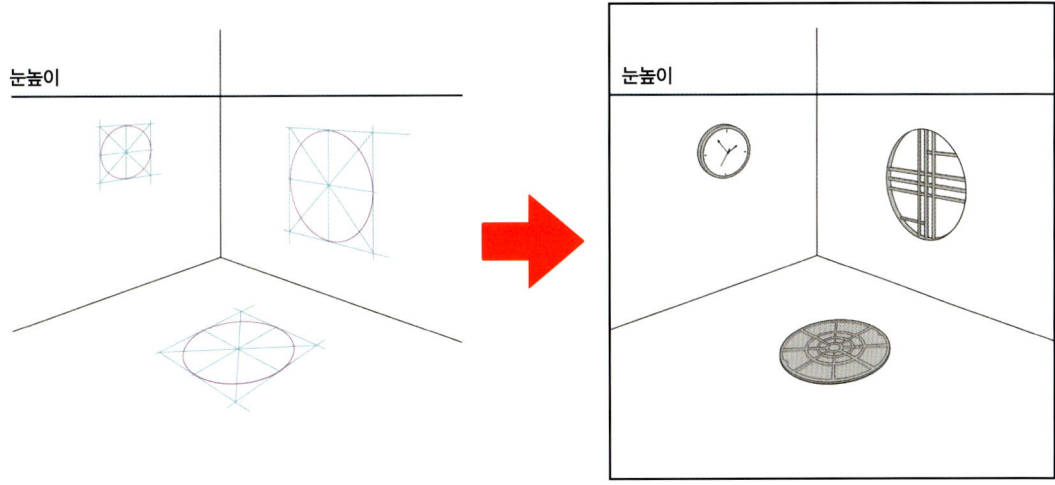

벽의 문양이나 원형 창문, 맨홀 등 두께가 거의 없는 원은 2점 투시에서 그려도 위화감이 거의 생기지 않습니다.

A 07

➡ 높이가 있는 원기둥 모양의 모티브는
  2점 투시에서 왜곡이 생길 가능성이 있다

➡ 1점 투시로 추가하면 왜곡이 눈에 띄지 않는다

➡ 3점 투시이거나 두께가 거의 없는 원형 모티브는
  투시도를 기준으로 그려도 괜찮다

COLUMN

Photoshop의 상자 흐림 효과

윤곽선을 남긴 채로 흐림 효과 적용

CLIP STUDIO PAINT에도 흐림 효과 기능이 있는데, 흐려진 모티브의 윤곽선도 흐릿해지게 됩니다. 어느 정도 윤곽선을 남겨 존재감을 표현하고 싶을 때 쓸 수 있는 기능이 Photoshop의 [상자 흐림 효과]입니다.

흐림 효과 적용 전

[가우시안 흐리기] 적용

[상자 흐림 효과] 적용

윤곽선도 흐릿하다

윤곽선이 남아 있다

[상자 흐림 효과]의 적용 순서

필터를 사용할 레이어를 선택하고 [필터] 메뉴 → [흐림 효과] → [상자 흐림 효과]를 선택합니다. ※ 흐림 효과를 적용하기 전에 백업용 레이어를 복제해두면 편리합니다.

미리 보기 화면을 확인하면서 적절한 수치를 설정하고 [확인]을 클릭하면 끝입니다.

Chapter 5
캐릭터 넣는 법의 ○×

배경 일러스트에 캐릭터를 더할 때는 안정감과 시선 유도를 생각하면서 배치 위치를 조절해보세요. 배경과 동떨어지지 않도록 색감을 다듬는 것도 중요합니다.

Chapter 5 캐릭터 넣는 법의 OX

이야기가 있는 작품을 만들려면?

일러스트의 특성(P.7)에서 말했듯이 한 장의 그림으로 설명할 수 있는 정보에는 한계가 있지만, 캐릭터를 투입하면 상황 설명을 보강할 수 있고 이야기를 표현하는 것도 가능합니다.

배경 일러스트에 캐릭터를 넣어보자

대부분은 캐릭터의 유무나 상황을 정한 뒤에 구도를 구상하는데 Chapter 5에서는 배경에 캐릭터를 넣었을 때 일어나는 변화와 연출의 차이에 대해 살펴보겠습니다.

캐릭터 없음
객관성이 높고, 해석의 폭이 넓다

배경뿐인 일러스트라도 눈보라나 현재 시간대를 추측할 수 있습니다. 캐릭터를 배치하면 읽어야 하는 정보가 너무 많아질 위험이 있어서, 해석의 폭을 남겨두고 싶을 때는 배경뿐인 상태가 좋을 수도 있습니다.

캐릭터 있음
**공감하기 쉽고,
해석의 폭을 제한할 수 있다**

캐릭터의 표정과 몸짓에서 '방금까지는 눈이 없었는데, 갑자기 눈보라가 몰아치는 건가'라며 상상하거나 '하교 시간일까' 혹은 '수업을 빼먹고 나왔는지도 몰라' 등 일러스트의 배경 설정이 구체적으로 눈에 들어옵니다. 감상자가 캐릭터에게 쉽게 공감할 수 있어서 '추워 보인다' 하는 심리 묘사나 온도도 더 쉽게 표현할 수 있습니다.

캐릭터와의 관련성을 연출할 수 있다

캐릭터를 무작정 배치하면 그림에 담긴 이야기가 약해지고, 오히려 테마를 방해할 가능성이 있습니다. **캐릭터가 왜 이곳에 있는지, 무엇을 하는지 구체적으로 설정을 잡아보면 좋습니다.**

캐릭터와의 관련성

왼쪽의 예는 캐릭터의 동작이나 복장에 배경(장면이나 시간대 등의 상황)과의 관련성과 필연성이 거의 느껴지지 않습니다. 별도의 의도가 없는 이상 위화감이 느껴지는 캐릭터 묘사는 작품의 설득력을 떨어뜨리기 쉬우니 피하는 편이 무난합니다. 오른쪽의 예는 배경에 어울리는 형태로 양치를 하는 상황으로 변경했습니다. 배경의 거울도 효과적으로 활용했습니다.

거울에 비친 캐릭터의 얼굴을 보여주면 장면 특유의 매력을 높일 수 있습니다.

A 01
➡ 캐릭터는 이야기를 보강하는 역할을 한다
➡ 공감하기 쉽고, 해석의 폭을 제한할 수 있다
➡ 작품의 설득력을 높이고 싶을 때는 배경과 관련 있는 형태의 캐릭터를 추가한다

Q 02 캐릭터의 배치 위치가 고민될 때는? (분할법)

Chapter 5 캐릭터 넣는 법의 OX

주역의 배치 위치가 고민될 때 편리한 방법이 분할법입니다. 사진을 찍을 때도 활용할 수 있는 테크닉이며, 비대칭인 2점 투시 구도에 잘 어울립니다.

3분할법

3분할이란 화면을 가로세로로 3분할하는 선의 교차점에 주역을 배치하는 구도입니다. 화면이 안정적이고 주역이 돋보입니다.

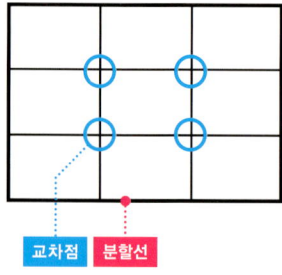
교차점 분할선

3분할한 선 위에 배치

✕ 중앙 부근에 배치 → ○ 세로선에 맞춰서 배치

중경 ← → 근경

캐릭터를 중앙 부근에 배치한 원형 구도(P.42)는 입체감이 없는 밋밋한 그림이 될 가능성이 있습니다. 3분할법을 사용하면 교차점에 캐릭터의 얼굴이 없어도 분할한 선을 따라서 배치하면 안정감이 생깁니다. 예제에서는 근경과 중경의 경계선 부근에 분할선이 오도록 배치했습니다(파란선).

레일맨 비율

레일맨 비율이란 세로로 4분할하는 선과 대각선의 교차점에 피사체를 배치하는 방법으로 철도 사진가인 나카이 세이야(中井精也)가 고안했습니다. 3분할과 마찬가지로 분할선과 교차점을 이용해 모티브를 배치하지만 3분할과 비교하면 교차점이 바깥쪽에 가깝다는 것을 알 수 있습니다.

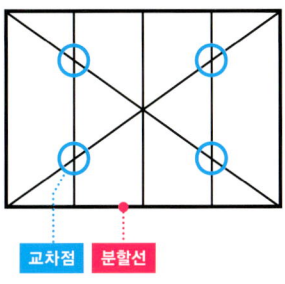

연출하고 싶은 인상에 알맞은 구도를 선택

3분할법

레일맨 비율

3분할과 비교해보겠습니다. 3분할도 안정감은 있지만 레일맨 비율은 공간이 넓은 만큼 허전함이 돋보이는 인상이 됩니다. 여백이 넓으면 그만큼 캐릭터의 심정을 상상할 여지가 넓어지기 때문이라고 생각합니다. 연출하고 싶은 인상에 맞는 구도로 캐릭터를 배치하면 좋습니다.

A 02

➡ 캐릭터 배치가 고민될 때
 간단하고 안정감이 있는 것이 3분할법

➡ 중앙에 배치하는 원형 구도는
 의도가 없는 이상 피하는 편이 무난하다

➡ 공간을 크게 보여주고 싶을 때는 레일맨 비율이 효과적이다

Chapter 5 캐릭터 넣는 법의 OX

Q03 캐릭터의 배치 위치가 고민될 때는? (시선 유도)

분할법을 사용해도 주역이 돋보이지 않을 때는 시선 유도가 기능하지 않을 가능성이 있습니다.

리딩라인(시선을 유도하는 선)을 이용한다

시선을 유도하는 리딩라인을 이용해 강조하고 싶은 것을 돋보이게 하는 방법입니다. **도로나 건축물 등의 선을 이용해 주역으로 시선을 유도합니다.** 만화의 집중선에 가까운 효과를 사용할 수 있습니다.

만화에 쓰이는 집중선. 선이 집중되는 위치에 있는 인물이나 대사를 강조할 수 있습니다. 리딩라인은 반드시 직선이 아니라도 가능하며, 구부러진 길 같은 곡선이나 계단에도 활용할 수 있습니다.

선이 집중되는 곳에 배치

곡선이나 계단에도 쓸 수 있다

캐릭터에게 시선을 유도한다

왼쪽의 예는 시선이 역 입구 부분에 집중되어 캐릭터가 눈에 들어오기 어렵고, 화면 오른쪽이 무거워 밸런스가 나쁩니다. 오른쪽의 예는 건널목 끝에 캐릭터를 배치해 주역으로 시선이 집중됩니다.

구름을 이용한다

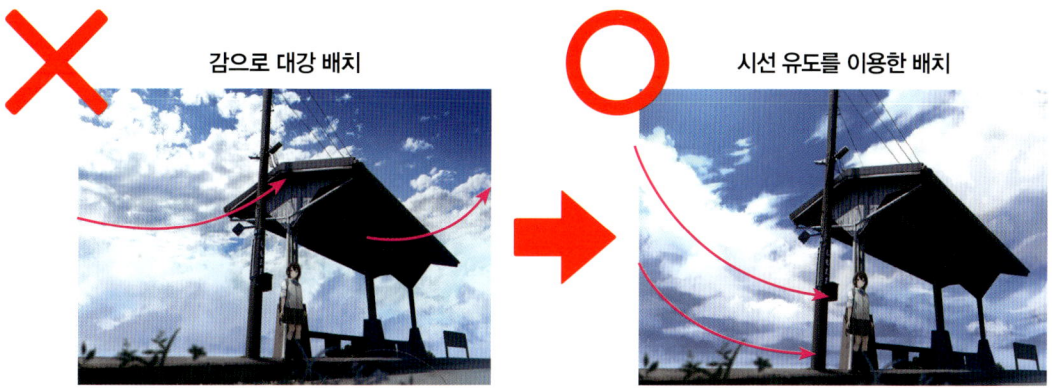

왼쪽의 예는 화면 오른쪽 위의 빈 공간으로 시선이 유도될 가능성이 있습니다. 캐릭터를 배치한 위치는 같지만, 완만한 곡선을 그리는 구름의 방향으로 캐릭터에게 시선이 더 잘 집중되도록 조절했습니다.

A 03
→ 리딩라인을 이용해 캐릭터를 배치한다
→ 곡선과 계단 등으로도 시선을 유도할 수 있다
→ 구름 같은 자연물도 리딩라인으로 활용할 수 있다

Chapter 5 캐릭터 넣는 법의 OX

Q04 캐릭터와 배경의 눈높이를 맞추려면?

캐릭터를 배치할 때도 투시도법을 활용합니다. 자연스럽게 배치하려면 배경과 캐릭터의 눈높이를 일치시키는 것이 중요합니다.

크게 잡은 캐릭터의 배치

발 주변이 화면 밖에 있는 캐릭터를 크게 잡으면 어떻게 배치할지 고민이 되기도 합니다. 그럴 때는 **전신을 화면에 담았을 때와 동일한 눈높이**를 사용하면 위화감이 생기지 않습니다.

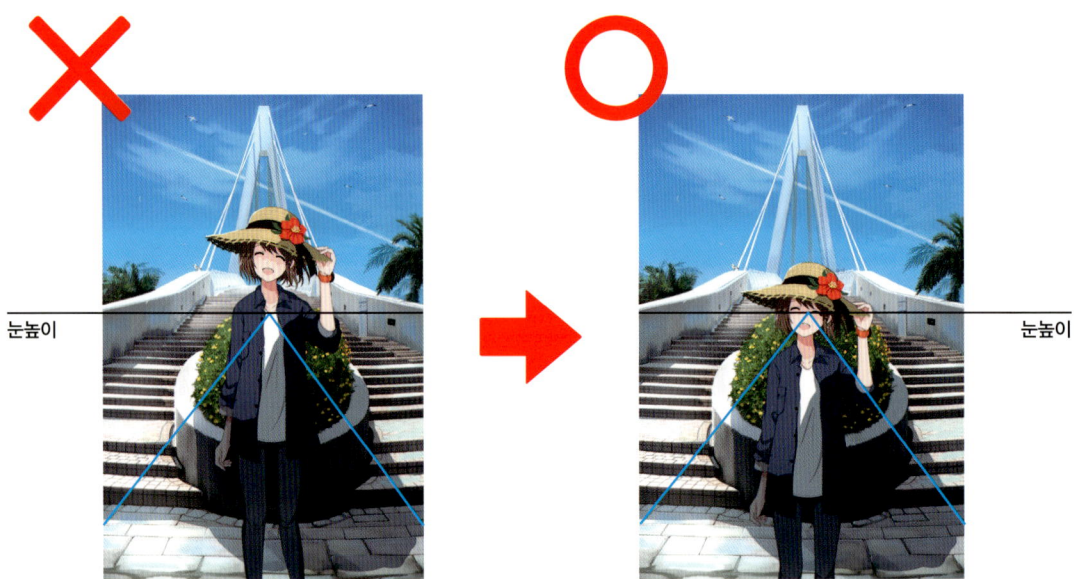

왼쪽의 예는 캐릭터를 보기 좋게 화면에 담았지만, 화면 밖에 있는 부분의 영향으로 캐릭터가 공중에 뜬 것처럼 다리가 무척 길어 보입니다. 보기 좋은 느낌에 무게를 둔 의도한 표현이라면 크게 문제 되지 않습니다.

명칭 탓에 오해하기 쉬운데 '눈높이 = 캐릭터의 눈높이'가 아닙니다. 22페이지에서 소개했듯이 '눈높이 = 카메라를 잡은 높이'입니다.

캐릭터를 확대하든 축소하든 눈높이의 위치는 같습니다. 이 예에서는 캐릭터의 눈높이와 겹친 상태이므로 캐릭터를 확대·축소해도 위화감이 생기기 어렵습니다.
카메라의 높이를 캐릭터의 눈높이로 설정하고, 로우앵글이나 하이앵글처럼 각도를 기울이지 않고 그릴 때는 눈높이와 캐릭터의 눈높이가 같아 배경의 눈높이도 일치시켜야 합니다.

피사체를 기준으로 캐릭터의 크기를 정한다

캐릭터의 크기를 정할 때는 화면 속의 비교할 수 있는 모티브를 이용합니다.

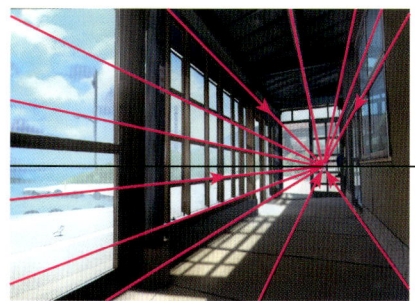

❶ 눈높이를 이용한다

건물의 직선 부분을 기준으로 소실점과 눈높이를 설정합니다. 대부분 눈높이를 설정한 뒤에 배경 일러스트를 작성하지만, 사진을 이용할 때도 쓸 수 있습니다.

눈높이

❷ 비교할 대상의 보조선을 이용한다

배경 속에 캐릭터와 비교할 수 있는 모티브가 있다면 인물의 크기를 쉽게 알 수 있습니다. 이 예제에서는 안쪽의 문 크기를 200cm로 가정하고 투시도에 맞춰서 캐릭터의 신장을 나타내는 보조선을 긋습니다.

눈높이

❸ 캐릭터를 배치한다

왼쪽의 예는 대강 배치한 탓에 캐릭터가 상당히 커지고 말았습니다. 오른쪽의 예는 벽에서 시작하는 보조선을 기준으로 캐릭터를 배치했습니다. 실제로 캐릭터를 배치해보면 눈높이에 서 있는 인물의 시선이 상당히 낮다는 것을 알 수 있습니다.

A 04

➡ 캐릭터를 크게 잡을 때도 전신을 담았을 때와 눈높이는 같다

➡ 캐릭터를 확대·축소해도 눈높이의 위치는 같다

➡ 배경 속의 인물과 비교할 수 있는 대상물을 기준으로 인물의 크기를 정한다

Chapter 5 캐릭터 넣는 법의 OX

Q05 캐릭터와 배경의 조화를 잡는 방법은?

캐릭터와 배경의 명도나 색감이 따로 놀면 위화감이 생깁니다. 캐릭터와 조화를 잡기가 비교적 쉬우면서 드라마틱한 분위기를 간단히 연출할 수 있는 역광 장면을 예로 소개합니다.

역광 가공으로 다듬는다

역광 가공의 메리트
(1) 대비가 높은 그림을 만들기 쉽다
(2) 드라마틱한 연출이 쉽다

주의할 점
(1) 주역(캐릭터)이 어두워지기 쉽다
(2) 배경과 조화롭지 못하면 어색해 보인다

흔한 실패 예

✗

음영이 강하다

드라마틱을 넘어서 조금 무서운 인상이 되고 말았습니다.

빛이 강하다

빛 연출이 강하면 화면이 보기 좋게 반짝거리지만 모처럼 그린 정보까지 너무 흐려져서 매력이 약해지기도 합니다.

색이 진하다

조화를 잡으려고 올린 색이 너무 진해서 어색함이 도드라집니다.

○ **배경과 조화를 잡은 상태**

배경과 캐릭터가 조화롭습니다.

레이어 구성의 이미지

배경

배경 처리
캐릭터 주위(화면 중앙)의 묘사를 줄이거나 흐림 효과를 더해 캐릭터의 존재감이 약해지지 않도록 최대한 주의합니다.

캐릭터

레이어 구성
(CLIP STUDIO PAINT)

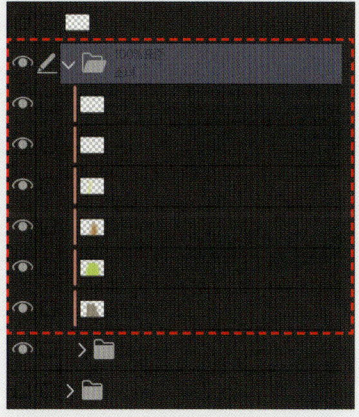

기본 구성
캐릭터의 밑칠 위에 곱하기로 그림자를 더하고 오버레이로 색감을 조절, 더하기(발광)나 스크린으로 빛 효과를 더합니다.

Chapter 5 캐릭터 넣는 법의 OX

가공 순서

❶ 배경과 어울리게 어둠을 조절한다

우선 곱하기 레이어로 전체에 대강 음영 효과를 더했습니다. 그림자색은 배경에 따라 다른데, 이번에는 은행나무가 늘어선 영향을 받아 약간 노란색에 가까운 회색을 선택했습니다.

곱하기 (71%)

레이어 구성

❷ 색감을 조절한다

오버레이 레이어(61%)

오버레이 레이어(7%)

레이어 구성

오버레이 레이어를 사용해 색감을 조절합니다. 화면이 단조롭지 않도록 단색으로 전체에 색을 올리는 것보다 그러데이션으로 폭넓은 색을 사용했습니다. 일러스트 전체의 시선 흐름도 의식하면서 왼쪽 위에서 오른쪽 아래로 점차 어두워지게 올렸습니다.

74

❸ 부드러운 빛을 넣는다

표준 레이어 100%로 표시

강한 하이라이트만 있으면 조화를 잡기 어렵고 필요 이상으로 캐릭터가 두드러지는 문제도 생길 수 있으므로, 부드러운 빛을 먼저 넣으면 자연스러운 빛이 됩니다.

❹ 강한 빛을 넣는다

약간 또렷한 터치

표준 레이어 100%로 표시

더하기(발광) 레이어
(27~49%)

레이어 구성

두 가지 색의 레이어를 사용하면 색이 겹치는 부분이 생기고 색의 폭도 넓힐 수 있습니다.

주역을 강조할 수 있는 강한 빛은 역광을 표현하는 큰 포인트입니다. 사물의 형태를 알 수 있도록 선명하게 그려 넣습니다. ❸에서 광범위하게 넣은 부드러운 빛과 차이가 생기도록, 빛이 너무 흐려지지 않게 처리하는 것이 요령입니다.

A 05

➡ 역광 가공은 배경과 조화를 잡기 쉽고 드라마틱한 연출이 가능하다

➡ 배경과 캐릭터의 명도·색감을 다듬어 빛 연출을 더한다

➡ 필요하다면 배경 자체에 흐림 효과 등을 적용해 캐릭터를 강조할 수 있다

COLUMN

레이어 합성 모드의 비교

위의 사진은 CLIP STUDIO PAINT의 레이어 합성 모드를 적용한 예입니다.

곱하기

아래 레이어와 색이 겹치는 부분이 어두워지며, 그림자를 칠할 때 사용합니다.

스크린

곱하기와 반대 효과이며, 아래 레이어와 색이 겹치는 부분이 밝아집니다. 공기원근법의 연출 등에 사용합니다.

더하기(발광)

아래 레이어와 색이 겹치면 더 밝은색으로 변합니다. 금속 질감 표현이나 주변광 연출 등에 사용합니다.

오버레이

아래 레이어의 밝은 부분에는 스크린, 어두운 부분에는 곱하기 효과가 나타납니다. 화면 전체의 색감을 동시에 조절할 때도 사용합니다. CLIP STUDIO PAINT에서 사용하는 방법은 81페이지에서 설명하겠습니다.

Chapter 6
연출의 ○×

명암·밀도·색·테마에 따라 다양한 대비를 더하는 법과 모티브의 질감 묘사하는 법, 효과적인 빛 표현 등 더 고도한 기법에 관해 설명합니다.

Chapter 6 연출의 OX

화면의 강약을 조절하려면?
(다양한 대비)

화면에 강약이 없어 인상이 흐린 느낌일 때는 대비가 부족할 가능성이 있습니다. '대비'는 강약의 차이가 클수록 두드러집니다.

명암 대비

명암 대비가 약하면 흐릿한 인상이 됩니다. 일부러 주장이 약한 부드러운 분위기를 만들고 싶을 때는 효과적이지만, 강약이 약하면 인상에 남지 않는 그림이 될 가능성이 있습니다. 어두운 부분은 충분히 어둡게 처리해 **명암 대비를 높이면 화면이 또렷하고 강한 인상을 연출할 수 있습니다.**

명암 대비(약하다)   명암 대비(강하다)

명암 차이가 작을수록 가독성이 낮아진다   명암 차이가 클수록 가독성이 높아진다

대비가 너무 강해지지 않도록 주의

대비가 지나치게 강한 예입니다. 밝은 부분과 어두운 부분의 차이가 크지만, 어두운 면적이 많을수록 화면 전체가 무거운 인상이 됩니다. 시인성을 충분히 확보하는 편이 더 많은 사람에게 전달할 수 있는 그림이 됩니다. 게다가 인쇄물 등은 모니터로 보는 것보다 어둡고 무거운 경향이 있습니다. 매체에 따라 마무리 조절을 달리하는 편이 좋습니다.

밀도 대비

Chapter 4의 원근법처럼 묘사량을 조절해 거리감을 연출할 수 있습니다. 밀도의 조절은 화면의 강약을 표현하는 데 효과적이며, **강조하고 싶은 곳으로 시선을 유도하는 데도 활용할 수 있습니다.**

밀도의 밸런스

그리고 싶은 것이 뒤죽박죽되면 어디를 봐야 할지 알 수 없는 그림이 되고 맙니다. 그럴 때는 밀도의 밸런스를 주의 깊게 조절할 필요가 있습니다. 선과 채색이 넓게 분포된 부분은 밀도가 낮고, 좁은 범위에 촘촘하게 집중되어 있으면 밀도가 높습니다.

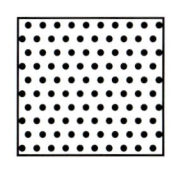

밀도의 밸런스가 일정

일정한 간격으로 점이 늘어서 있습니다. 안정감은 있지만, 어디를 봐야 할지 알 수 없습니다.

대책 ① 밀도가 높은 곳으로 시선 유도

사람의 시선은 밀도가 높은 곳으로 가기 쉽습니다. 과감하게 밀도가 낮은 면적을 크게 잡으면, 보여주고 싶은 곳으로 시선을 유도할 수 있습니다. 대신 주역이 돋보이게 되므로, 제대로 그리지 않으면 매력이 느껴지지 않습니다.

대책 ② 밀도가 낮은 곳으로 시선 유도

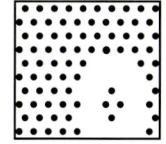

반대로 밀도를 높게 구성한 화면 속에 밀도가 낮은 부분을 만들어 시선을 유도하는 방법도 있습니다. 밀도가 높은 화면에 캐릭터를 배치해도 잘 드러나지 않습니다. 예는 배경과 캐릭터의 경계에 밀도가 낮은 부분을 만들었습니다.

색 대비

좋은 그림을 만드는 데는 화면 전체의 통일감을 유지하는 것이 중요합니다. 하지만 색채를 너무 통일하면 아무리 명암과 묘사의 대비를 조절해도 포인트가 없어서 인상에 거의 남지 않는 작품이 될 수도 있습니다. **색 대비를 효과적으로 활용하면 그림 속에 시선을 끄는 포인트가 생기고, 기억에 남는 그림을 만들 수 있습니다.** 색감을 추가하는 방법은 81페이지를 참고하세요.

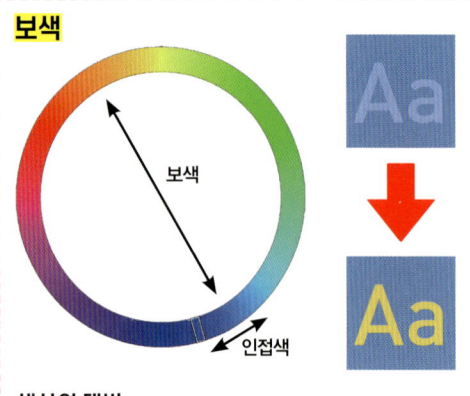

색상의 대비

색상환에서 위치가 가까운 인접색만 사용하면 통일감은 얻을 수 있지만 밋밋한 인상이 되고 맙니다. 색상환에서 가장 먼 보색을 사용하면 색 대비가 강해집니다. 위의 예는 화면의 왼쪽 위에 노란색을 더하고, 오른쪽 아래에 보색인 파란색을 더했습니다. 색감을 추가할 때는 오버레이 레이어(P.81)가 편리합니다.

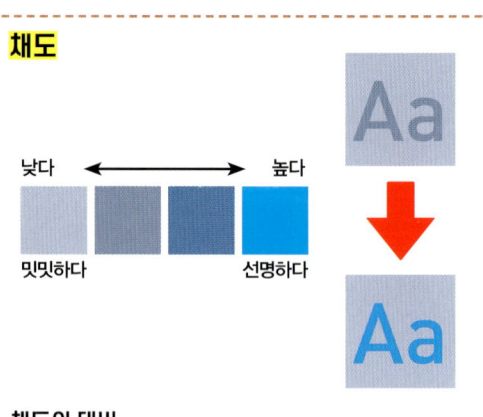

채도의 대비

채도의 차이가 높을수록 대비가 강해지고, 시선이 집중됩니다. 채도가 높고 선명한 색은 무작정 색을 늘리면 너저분한 인상이 되기 쉽습니다. 포인트로 좁은 면적에 또는 색의 폭을 좁혀서 사용하면, 전체의 통일감을 유지하면서 효과적으로 활용할 수 있습니다.

색의 밀도

밀도의 밸런스는 묘사뿐 아니라 색의 수와 채색 면적으로 조절할 수 있습니다. 왼쪽 일러스트는 구성 요소와 선이 많고 색이 뒤죽박죽인데, 주역인 캐릭터는 배경과 달리 색의 수를 줄이고 인접색만 사용해 밀도를 낮춰서 존재감이 약해지지 않도록 조절했습니다.

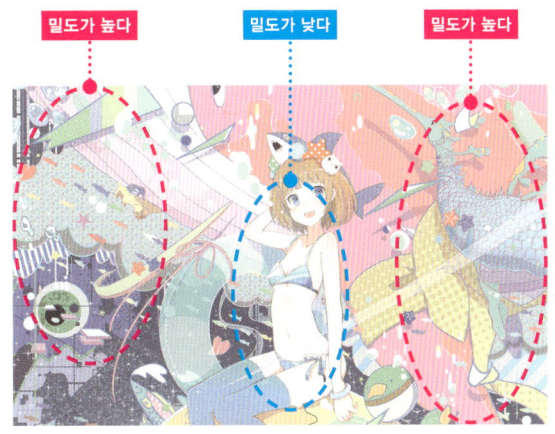

COLUMN

오버레이의 활용

76페이지에서 소개했던 CLIP STUDIO PAINT의 오버레이 레이어는 밝은 부분과 어두운 부분의 명도를 각각 유지하면서 색감을 더하고 싶을 때 유용합니다.

오버레이 레이어를 사용하면 밝기를 유지하면서 색감을 추가할 수 있습니다.

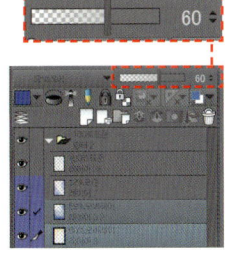

올린 색감이 너무 진하면 [레이어] 창의 [불투명도]로 오버레이 레이어를 조절할 수 있습니다.

테마 대비

12페이지에서 설명했듯이 감상자가 이해하기 힘들 정도로 난해하면 마음에 전혀 남지 않거나 상용 일러스트로써의 역할을 하지 못합니다. 테마를 잘 전달하려면 **많은 사람이 공유하고 있는 '그림 속의 기호'를 잘 활용해야 합니다.** 그림 속의 기호란 여름이라면 수박, 해바라기, 밀짚모자, 더위 등을 떠올리듯이 대다수가 공유하는 모티브와 이미지를 가리킵니다. 기호를 효과적으로 사용하면 테마의 대비가 강해지고, 전달의 정확성도 높아집니다.

테마에 알맞은 기호 표현

빨래방을 그린 일러스트입니다. 창문에 넣은 '비의 기호'인 물방울과 창문 너머의 모습으로 전달하려는 테마를 강조했습니다. 테마의 대비를 높이면 해석의 폭을 제한할 수 있고, 전달하려는 내용이 더 명확해집니다.

현실과 비현실의 대비

일러스트의 테마에 따라서는 **현실과 비현실의 대비를 높이면 환상적인 분위기가 돋보이게 됩니다.** 예를 들어 도심의 풍경 속에 판타지의 몬스터처럼 어울리지 않는 존재가 있다면, 강한 임팩트를 받게 됩니다. 다만 현실 부분을 설득력 있는 형태로 그리지 않으면 대비가 약해지고, 억지스러운 그림이 되고 맙니다.

대비가 강하면 신비로운 인상이 강해진다

비현실적인 풍경과 캐릭터를 조합한 예입니다. 세계관 설정에 관한 설명이 부족한 대신 해석의 폭은 넓은데, 의도한 연출이라면 위화감 자체가 공감으로 이어집니다.

비현실의 대비(약하다)

현실 속에 비현실적인 존재가 섞여 있는 모습이 테마인 일러스트입니다. 언뜻 보면 색감이 통일되어 있고 보기 쉬운 구성 같지만 현실적인 인공물이 너무 도드라져 조금 부족한 느낌입니다.

비현실의 대비(강하다)

비현실의 느낌을 강조하려고 실내의 화분이나 수중 생물, 산호 등을 추가했습니다. 캐릭터의 복장이나 그림 도구 등 현실적인 모티브가 만드는 부조화가 테마를 강조하는 역할을 합니다. 자연물과 생물이 늘어나면서 색감도 다채롭고 화려해졌습니다.

A 01

➡ 강약을 더하려면 대비의 차이를 조절한다

➡ 대비에는 명암·밀도·색·테마 등 다양한 종류가 있으며, 적절히 구분해서 사용한다

Q 02 질감 표현으로 그림의 설득력을 높이려면?

Chapter 6 연출의 OX

주위의 물건도 잘 보면 구조가 복잡한 것이 많습니다. 사진 자료나 실물을 잘 관찰하고 설득력 있게 그리면 작품의 완성도를 높일 수 있습니다.

선으로 입체감 표현

입체감과 질감 묘사는 보통 채색 과정에서 하려는 경향이 강한데, **선화에서 디테일을 세밀하게 그려서 설득력을 더하는 방법**도 있습니다.

선의 강약을 조절한다

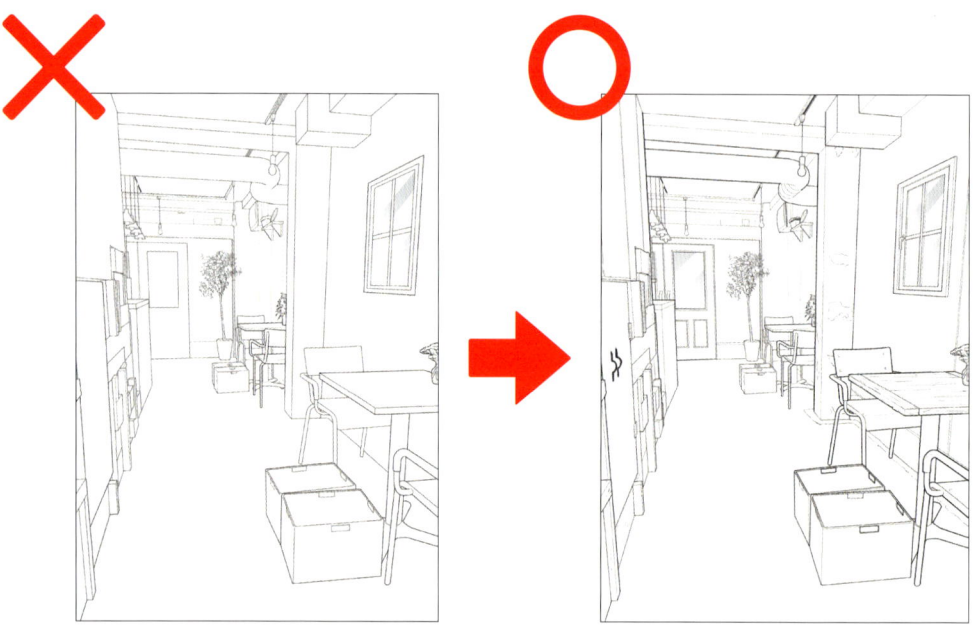

두께를 그린다

창문과 문 등은 무심코 평면으로 그리기 쉽습니다. 건축 자재는 여러 가지 부품으로 복잡하게 구성되어 있는 탓에 두께나 빈틈이 생깁니다. 이 두께와 빈틈을 꼼꼼하게 그리면 설득력이 강해집니다.

채색으로 질감 묘사

작품의 완성된 모습과 용도에 따라 차이가 있어서 리얼한 묘사가 무조건 정답은 아니지만, 실물을 관찰하거나 사진을 참고해서 질감을 표현해보세요.

각각의 질감 묘사가 부족하다

세부 표현

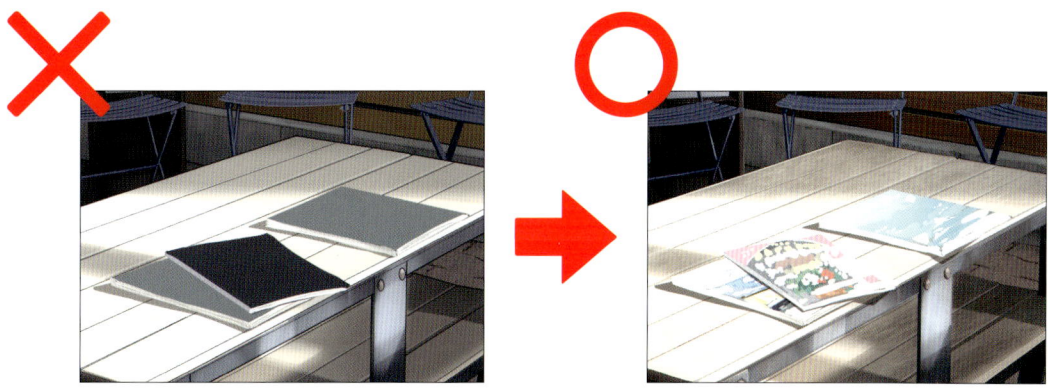

책장의 책과 책상 위의 잡지 등 표지를 간단하게 단색으로 묘사하기 쉬운데, 제대로 그려 넣으면 설득력이 강해집니다.

재질을 표현한다

채색의 질감 묘사가 부족하면 어떤 재질인지 잘 전달되지 않습니다. 그리는 방법은 다양하지만, 선화와 채색의 과정을 완전히 구분하지 않고(레이어 구성에 별도의 지정이 없는 이상) 최종적으로 가장 보기 좋은 방식을 선택하면 됩니다.

관찰력과 매력

사진이나 실물을 보고 그리면 질감을 리얼하게 표현할 수 있고, 관찰력도 향상됩니다. 그저 사물을 정확하게 보고 옮겨 그리는 힘만 말하는 것이 아니라 매력을 알아차리는 힘도 관찰력이라고 생각합니다. **매력 포인트를 잘 그리면, 같은 매력을 느낄 수 있는 사람도 알아차릴 수 있는 그림이 됩니다.** 흔한 '지면'도 그 속에 많은 매력이 있습니다.

아스팔트를 관찰한다

아스팔트 = 검다는 이미지가 있는데, 실제 도로를 관찰하면 장소나 기후에 따라 생각보다 밝거나 붉은 녹, 타이어 자국, 아스팔트의 이음새가 있는 등 다양한 요소를 볼 수 있습니다. 일본의 도로에 쓰이는 아스팔트에는 작은 골재들이 섞여 있어서 표면의 입자를 눈으로도 볼 수 있습니다. 이런 요소를 확실하게 그리면 매력적인 지면이 됩니다.

아스팔트와 콘크리트를 칠한다

❶ 밑칠

❷ 색의 얼룩을 더한다

CLIP STUDIO PAINT의 [스프레이], [번짐 스프레이] 도구를 사용해 색의 얼룩을 표현합니다. 길 가장자리는 오물이 뭉치기 쉬워서 많은 묘사를 더합니다.

> 표면의 입자 가장자리에 오물이 모인다

❸ 텍스처로 질감을 더한다

【음식 텍스처 & 원본 사진 데이터】
https://32nd.booth.pm/items/79904

텍스처를 더하면 질감의 정보량이 단숨에 증가합니다. 텍스처 이미지를 원근에 알맞게 변형해 원하는 부분에 올리고, [그리기 모드]를 [곱하기]로 변경합니다. 그런 다음 레이어의 불투명도를 조절합니다. 텍스처는 '음식 텍스처 & 원본 사진 데이터'를 사용했습니다.

❹ 붉은 녹과 음영을 더한다

붉은 녹을 그리면 사실적으로 보입니다.

앞쪽에 붉은 녹을 넣거나 오버레이 레이어(P.81)에 빨간색 얼룩을 추가했습니다. 그 뒤에 광원에 맞게 다리의 그림자를 더합니다.

A 02
➡ 선의 강약이나 두께를 그리면 입체감과 설득력이 높아진다
➡ 실물이나 자료를 참고해 채색으로 질감을 표현한다
➡ 사물을 잘 관찰하고 매력적인 요소를 찾는다

POINT! 브러시를 활용해 질감을 표현
※ CLIP STUDIO PAINT의 브러시를 소개합니다.

지면·아스팔트
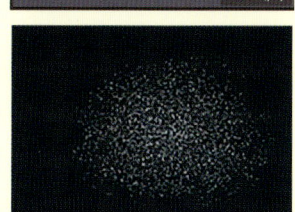

[에어브러시] → [에어브러시] → [스프레이]를 사용합니다. 흙이나 아스팔트처럼 입자가 보이는 질감을 표현하는 데 편리합니다.

벽·콘크리트

[에어브러시] → [에어브러시] → [번짐 스프레이]를 사용합니다. 벽 등의 얼룩을 그리는 데 사용합니다. 덧칠로 농담을 표현합니다.

붉은 녹
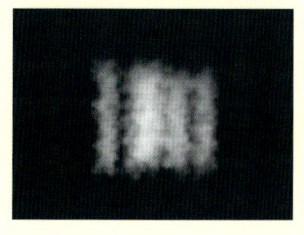

[연필] → [파스텔] → [초크]를 사용합니다. 거친 질감의 브러시이므로, 도로의 붉은 녹 등을 표현하는 데 적합합니다.

균열

[펜] → [펜] → [G펜]을 사용합니다. 주로 세밀한 부분에 쓰는 G펜은 도로의 균열을 그리는 데 적합합니다.

Chapter 6 연출의 OX

조명으로 주제를 강조하려면?

조명을 과장하면 작품의 테마를 강조할 수 있고, 사실적인 묘사나 드라마틱한 연출도 가능합니다.

설명을 우선한 일러스트인가, 이야기를 표현하는 일러스트인가

설명형 일러스트는 상황 설명에 유리하고, 모티브의 디테일을 정확하게 전달하는 데 적합합니다. 이야기형 일러스트는 강한 조명을 넣어 이야기를 표현하고, 작품의 몰입도가 높습니다. 렌즈 플레어나 흐림 효과로 세밀한 디테일을 지우는 표현이 많습니다. **정보를 전달하고 싶은 것인지, 정보를 알아차리게 하고 싶은 것인지 조명을 활용해 구분할 수 있습니다.**

설명형 배경
- 장면의 설명에 적합
- 세밀한 디테일을 볼 수 있다

이야기형 배경
- 정보를 알아차리게 하는 데 적합
- 빛이나 흐림 효과로 디테일이 지워지기도 한다

조명을 과장한다

조명을 과장해 주역이나 시간대를 강조할 수 있습니다. 실내 공간은 **화면 속에 창문이나 조명 등 빛이 있을 법한 장소를 만들어두면** 볼 만한 부분을 쉽게 만들 수 있습니다.

빛을 더해 분위기를 연출한다

창에서 들어오는 빛

빛이 들어오는 부분에 스크린이나 더하기(발광) 레이어로 연출을 더했습니다. 창틀에 가로막힌 부분의 그림자를 만들어 줍니다.

창문이 없는 실내 공간

창문이 없는 실내 공간이라도 음영이나 빛만으로 어떤 형태의 창문이 있는지 표현할 수 있습니다. 화면 전체를 덮는 그림자 레이어를 올리고 창문 모양으로 지우거나 스크린 레이어 등으로 빛을 받는 부분을 그리는 방법이 있습니다.

실외 조명

실외 조명은 주로 태양 빛을 이용한 연출이 들어갑니다. 빛 연출을 더할 때는 광원의 위치와 방향에 모순이 생기지 않도록 주의할 필요가 있습니다.

조명 연출이 약하다

조명 연출이 강하다

POINT! 햇살을 더한다

구름이나 나무 등이 강한 햇볕을 받으면 구름의 빈틈이나 나뭇가지 사이로 가는 햇살이 지면으로 쏟아집니다.

위의 예는 화면의 오른쪽 위에 설정한 광원을 기준으로 햇살을 더했습니다.

CLIP STUDIO PAINT에서의 가공 순서

❶ 햇살을 그린다

직선 도구를 사용해 햇살을 그립니다. 나무 사이로 쏟아지는 느낌으로 깊이도 의식하면서 두께가 다른 선을 조합합니다.

❷ 레이어를 복제한다

빛을 다양한 색감으로 표현하고 싶어서 ❶에서 그린 레이어를 복제하고 아래로 옮긴 다음 보라색으로 변경했습니다.

❸ 흐림 효과를 적용한다

❶과 ❷에서 작성한 레이어에 [가우시안 흐리기] 필터를 적용합니다.

❹ 햇살의 끝부분을 다듬는다

끝부분을 [지우개] 도구로 부드럽게 지우면서 다듬습니다.

❺ 레이어 모드를 변경하고 불투명도를 낮춘다

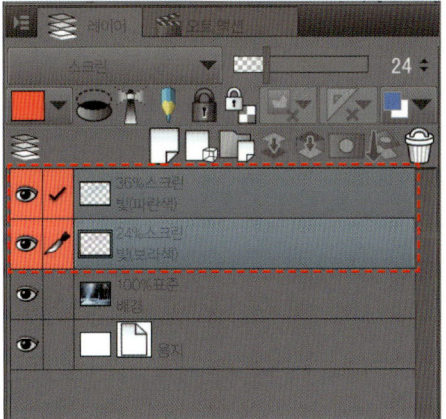

표현하고 싶은 이미지에 알맞게 레이어 모드를 [스크린]이나 [더하기(발광)] 등으로 변경하면 끝입니다. 예제는 [스크린]으로 설정했습니다.

Chapter 6 연출의 OX

지면을 연출한다

밋밋하기 쉬운 콘크리트 같은 지면도 조명을 과장하면 멋지게 연출할 수 있습니다. 나무에 둘러싸인 장소는 **햇살 효과를 더해 신비한 인상을 연출하는 것도 가능**합니다.

햇살 표현

❶ 배경을 준비한다

화면 전체에 빛을 넣으면 뿌옇게 흐린 그림이 될 수 있으니 효과적인 포인트를 정합니다.

❷ 나무 사이로 쏟아지는 빛을 추가한다

대강 빛의 위치를 정하고 91페이지와 같은 방식으로 빛 효과를 그렸습니다. 레이어 합성 모드를 [스크린]으로 설정하고 불투명도를 낮춘 뒤 지면에 가까운 부분을 지우개로 부드럽게 지웁니다.

❸ 가는 빛을 추가한다

가는 빛 효과를 추가해 연출을 강조합니다. ❷에서 작성한 레이어를 복제하고 살짝 옮겼습니다.

❹ 지면에 빛을 그린다

빛이 쏟아지는 곳의 지면에 부드러운 브러시를 사용해 [더하기(발광)] 레이어에 빛 효과를 추가합니다. 이것으로 끝입니다.

POINT! 보이지 않는 것의 그림자를 더한다

지면만으로는 매력적인 그림을 그리는 데 한계가 있습니다. 지면에 화면 밖 건물의 그림자 등을 넣으면 그림의 완성도가 높아집니다.

애너모픽·플레어 효과

영화 촬영 등에 쓰이는 애너모픽 렌즈라는 특수한 렌즈를 사용해서 찍으면 광원이 수평 방향으로 길게 늘어지는 플레어가 나타나는 영상이 됩니다. 게임 일러스트나 애니메이션에서 연출 효과로 쓰이기도 합니다.

흐림 효과와 조합해 영화처럼

흐림 효과 / 캐릭터의 얼굴에 초점을 맞춘다

A 03

➡ 조명을 과장하면 그림의 분위기를 강조할 수 있다

➡ 빛과 그림자로 밋밋하기 쉬운 지면에 매력을 더한다

➡ 카메라 특유의 효과를 활용하면 독특한 분위기를 연출할 수 있다

Chapter 6 연출의 OX

마무리에 효과적인 연출 방법이란?

꼼꼼한 마무리는 좋은 일러스트를 만드는 중요한 포인트입니다. 그림의 인상을 조금 더 바꿔보고 싶을 때 지금 소개하는 연출을 활용해보세요.

흩날리는 모티브와 여백의 사용법

흩날리는 나뭇잎·꽃잎·눈 등은 단순한 장식이 아니라 일러스트의 분위기와 원근감, 움직임을 만드는 역할을 합니다. 묘사가 부족해 허전한 여백을 채우고 시선을 유도하는 방법을 소개합니다.

시선 유도를 의식한다

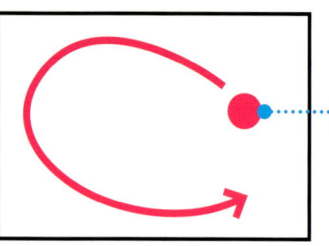

감상자의 시선은 가장 먼저 캐릭터의 눈으로 향합니다. 이후에 크게 원을 그리고 다시 캐릭터에게 시선이 돌아올 수 있도록 나뭇잎을 배치했습니다. 아무런 계획 없이 배치한 나뭇잎에 비해 시선이 자연스럽게 이동합니다.

크기를 조절한다

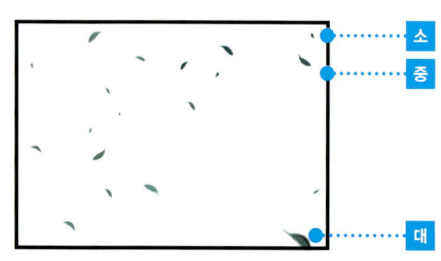

52페이지에서 본 원경·중경·근경의 구성처럼 나뭇잎도 대·중·소로 크기를 구분합니다. 앞쪽의 큰 나뭇잎과 안쪽에 있는 작은 나뭇잎에 흐림 효과를 적용하면 원근감이 더 강조됩니다.

텍스처

묘사의 정보량을 높이는 데 편리한 것이 텍스처입니다. 아래의 그림은 노이즈 텍스처를 일러스트 전체에 넣어서 아날로그 감성을 더한 예입니다.

노이즈 가공 없음

노이즈 가공 있음

텍스처를 올린 뒤의 일러스트. 확대하면 거친 질감을 볼 수 있습니다.

POINT! Photoshop에서 노이즈 필터를 더한다

❶ 레이어를 복제하고 [노이즈 추가]를 선택

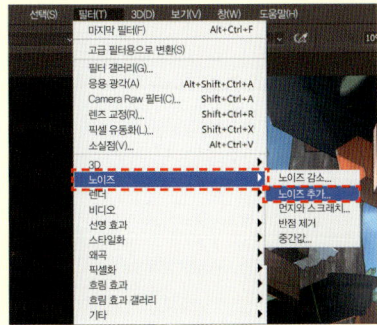

우선 레이어를 통합한 뒤에 복제하고 [필터] → [노이즈] → [노이즈 추가]를 선택합니다.

❷ 필터를 적용한다

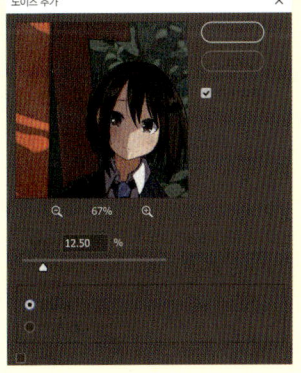

미리 보기를 보면서 설정을 조절합니다. [양]은 화면 전체에 들어가는 노이즈의 비율을 가리키며 원하는 수치를 입력합니다. [분포]에서 노이즈를 균등하게 적용하는 [균일], 반점 형태로 적용되는 [가우시안]을 선택할 수 있습니다. [단색]에 체크를 하면 일러스트의 기존 색조대로 효과가 적용됩니다. 이번 예제는 색의 정보량도 높이고 싶어서 체크를 하지 않고 적용했습니다.

Chapter 6 연출의 OX

흐림 효과를 활용한 연출 방법

흐림 효과를 더하면 주역으로 시선이 유도되고, 사실적인 분위기도 연출할 수 있습니다. 또한 카메라(촬영자)가 어디를 보고 있는지 조절할 수 있습니다.

카메라의 시점을 조절한다

배경과 캐릭터가 모두 또렷해서 현장감은 약합니다.

배경에 흐림 효과

캐릭터에 흐림 효과

배경이 흐려지면 주역인 캐릭터가 돋보입니다. 소녀의 시선 끝에 있는 인물(카메라)이 소녀를 바라보는 느낌입니다.

과감하게 캐릭터가 흐려지게 했습니다. 소녀의 시선 끝에 있는 인물(카메라)이 소녀를 보지 않고 배경을 보는 듯한 연출이 되었습니다.

범위를 지정한 흐림 효과

캐릭터와 배경으로 나누지 않고도 흐림 효과를 이용해 배경 속의 초점을 조절할 수 있습니다. 특히 레이어 마스크 기능을 사용하면 수정하기가 쉽습니다.

전체에 초점을 맞춘 상태

앞쪽에 초점을 맞춘 상태

안쪽에 초점을 맞춘 상태

POINT! CLIP STUDIO PAINT의 레이어 마스크 기능

❶ 레이어를 복제하고 흐림 효과를 적용한다

[레이어 마스크 작성]을 클릭

전체 레이어를 통합하고 복제한 뒤 [필터] → [흐리기] → [가우시안 흐리기]를 선택해 흐림 효과를 적용합니다. 흐림 효과를 적용한 레이어를 선택하고 [레이어 마스크 작성]을 클릭합니다.

❷ 레이어 마스크를 작성한다

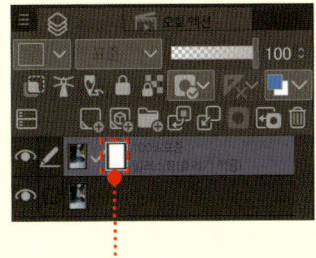

레이어 마스크의 섬네일을 클릭

작성된 레이어 마스크의 섬네일을 클릭합니다.

❸ 불필요한 부분을 지운다

초점을 맞추고 싶은 부분을 지운다

지우개나 투명색 에어브러시를 사용해 흐림 효과를 적용하고 싶지 않은 부분을 지웁니다. 지운 부분을 다시 적용하고 싶을 때는 브러시로 칠하기만 하면 흐려진 부분에 반영됩니다.

색수차 효과

색수차란 카메라로 찍었을 때 태양 빛이 렌즈를 투과한 뒤 색에 번지거나 변화가 일어나는 현상을 뜻합니다. 텍스처처럼 화면의 정보량을 높일 수 있고, 지나치게 깔끔하지 않은 레트로 감성을 연출할 수 있습니다.

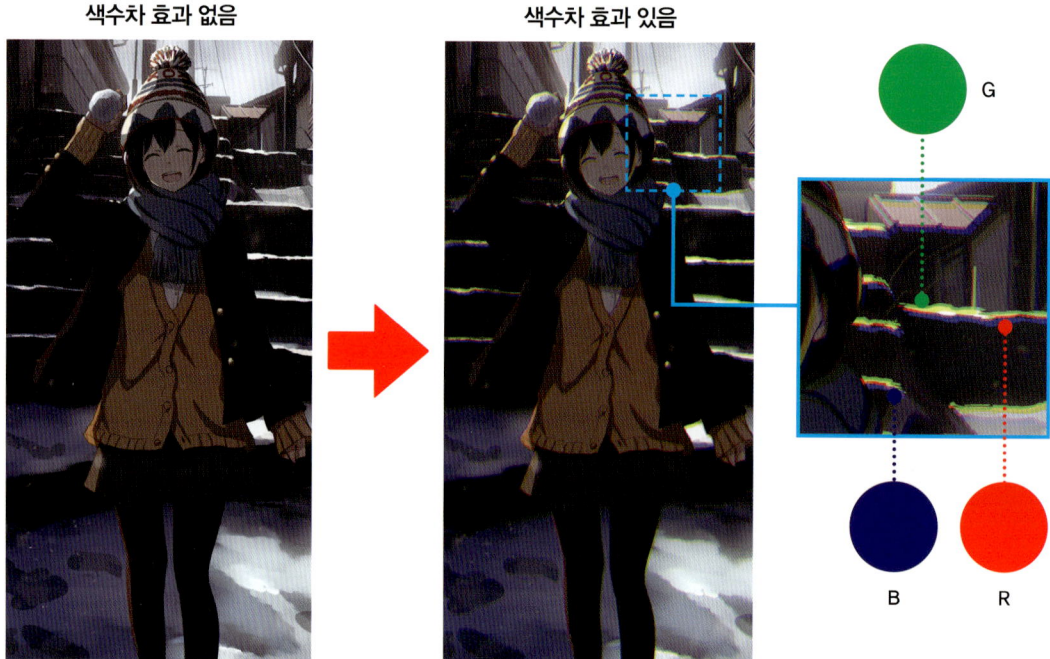

Photoshop에서 가공할 때는 [채널]에서 [빨강], [녹색], [파랑]을 각각 이동하거나 확대·축소해 표현할 수 있습니다. CLIP STUDIO PAINT(2020년 8월 시점의 버전)에는 채널 기능이 없지만, 아래의 방법으로 재현이 가능합니다.

CLIP STUDIO PAINT 에서 가공하는 법

❶ 이미지를 복제한다

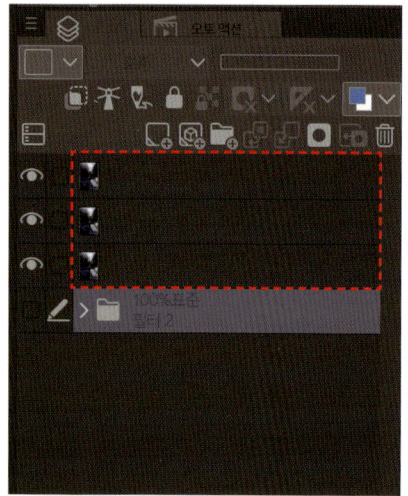

전체 레이어를 결합한 레이어를 2회 복제해 총 3개의 레이어를 준비합니다. 단, 결합 전의 레이어 데이터는 반드시 백업해두어야 합니다.

❷ R·G·B의 밑칠 레이어를 작성한다

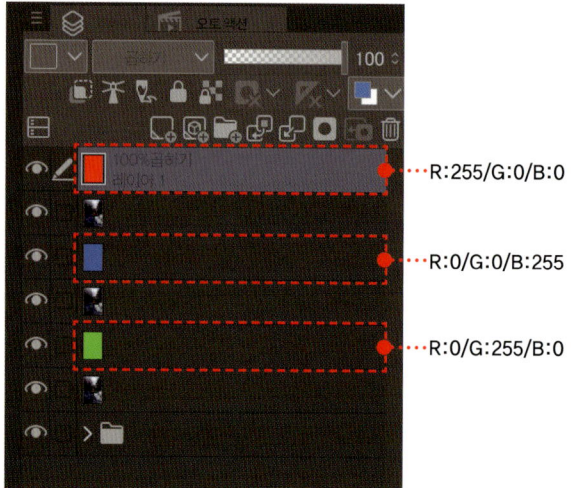

복제한 3개의 레이어에 각각 빨강[R : 255/G : 0/B : 0], 파랑[R : 0/G : 0/B : 255], 녹색[R : 0/G : 255/B : 0]으로 채운 레이어를 추가하고, 합성 모드를 [곱하기]로 설정했습니다.

❸ 색 레이어를 각각 결합하고, 빨강과 파랑을 [스크린]으로 설정한다

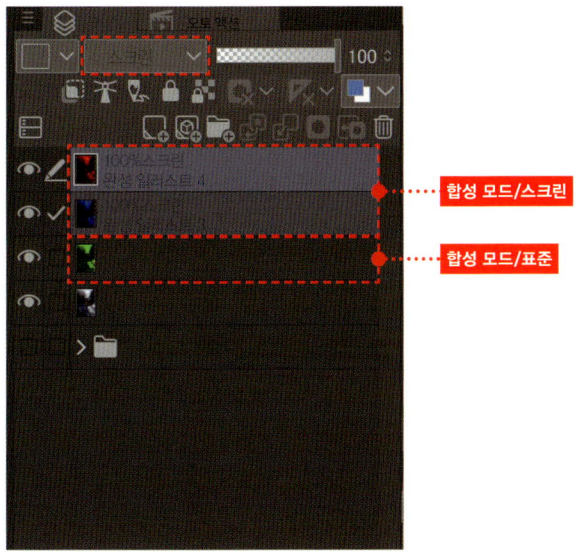

합성 모드/스크린

합성 모드/표준

색 레이어를 각각 아래의 그림 레이어와 결합합니다. 빨강과 파랑의 합성 모드는 [스크린]으로 설정합니다. 녹색 레이어의 합성 모드는 [표준]인 상태로 둡니다.

❹ 레이어를 옮긴다

 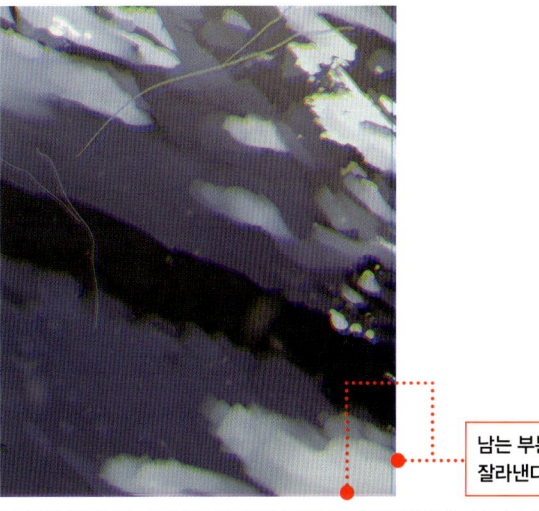

남는 부분을 잘라낸다

작성한 빨강·파랑·녹색 레이어를 [레이어 이동] 도구 등으로 조금씩 옮깁니다. 레이어를 옮긴 만큼 캔버스 밖으로 벗어나는 부분이 생기는데, 선택 범위를 지정하고 지우거나 모든 레이어를 확대하는 식으로 조절하면 끝입니다.

A 04

➡ 흩날리는 나뭇잎 등으로 시선을 유도하고 크기를 조절해 원근감을 강조한다

➡ 흐림 효과로 카메라(촬영자)의 시선을 조절한다

➡ 텍스처와 색수차 효과를 넣으면 정보량이 높아지고 인상이 바뀐다

COLUMN

톤 커브 사용법

톤 커브란 이미지의 명암을 그래프로 조절하는 기능입니다. CLIP STUDIO PAINT에서는 [편집] → [색조 보정] → [톤 커브]를 선택하면 그래프가 표시됩니다. Photoshop에서는 [이미지] → [조정] → [곡선]을 선택합니다.

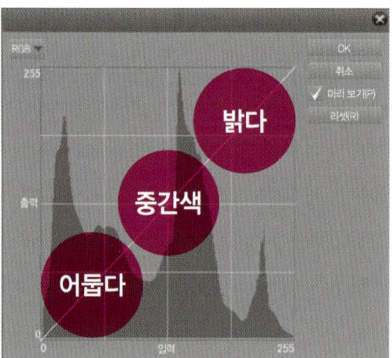

중앙의 축을 기준으로 그래프 왼쪽은 어두운 부분, 오른쪽은 밝은 부분을 나타냅니다. 그래프를 위로 올리면 밝아지고, 아래로 내리면 어두워집니다.

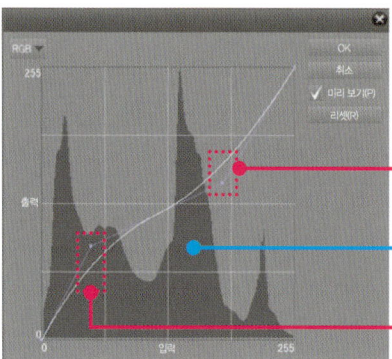

왼쪽은 어두운 이미지를 톤 커브로 대비를 조절한 예입니다. 어두운 영역의 곡선을 올리고, 밝은 영역을 낮춰서 대비의 강도를 낮췄습니다.

- 프리셋의 기준선보다 커브를 내리면 원본보다 어두워진다
- 톤 커브 아래의 그래프는 밝은 영역이 넓게 표시된다
- 프리셋의 기준선보다 커브를 올리면 원본보다 밝아진다

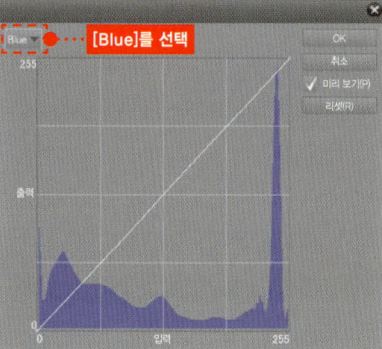

[Blue]를 선택

톤 커브의 채널을 [RGB]에서 [Blue]로 바꿔서 그래프를 조절하면 푸른 색감을 높일 수 있습니다. 이때도 그래프를 위로 올리면 파란색이 강해지고, 내리면 약해집니다. 맑은 날의 실외가 배경인 일러스트처럼 푸른 하늘의 영향을 강조하고 싶을 때 활용할 수 있습니다.

Chapter 7

실전 테크닉
(커버 일러스트 메이킹)

지금까지 설명한 내용을 활용해서 그린 이 책의 커버 일러스트 제작 과정을 살펴보겠습니다.

Chapter 7 실전 테크닉 (커버 일러스트 메이킹)

Step 01 상용 일러스트의 러프 작성

이 책의 커버 일러스트를 예로 상용 일러스트 제작 과정을 살펴보겠습니다. 상품의 판매 촉진이라는 목적이 뚜렷하므로 상품이 콘셉트를 확실하게 전달될 수 있도록 고민할 필요가 있습니다.

회의

우선 출판사와 어떤 커버 일러스트가 좋은지 회의를 합니다. 이 책의 콘셉트인 'ㅇ×로 배우는 배경 일러스트'에 부합하는 조건을 씁니다. 물론 책의 규격이나 출간 시기 등도 커버 일러스트를 구상하는 데 중요한 정보이므로 꼭 알아야 하는 포인트를 확인합니다.

회의 전에 커버 일러스트의 이미지를 몇 가지 구상했습니다

A안 ---- 교사 역할의 캐릭터가
교실에서 수업하는 상황

B안 ---- 캐릭터가 팔짱을 끼고
어떻게 그릴지 고민하는 상황

C안 ---- 카메라를 든 소녀가
피사체를 찾고 있는 상황

이 시점에는 러프를 작성하지 않고, 이미지에 가까운 다른 작가의 작품을 편집자와 공유하면서 회의를 진행합니다.

A안의 실내 장면은 화면이 갑갑한 느낌이 들지 모릅니다. 하늘이 들어간 실외가 커버 일러스트에는 적절하다고 생각합니다.

B안은 책 내용을 너무 노골적으로 드러내는 그림이라 매력이 약한 느낌입니다. 그리고 캐릭터가 화면에 너무 크게 들어가 '배경 일러스트'라는 타이틀과 큰 차이가 있습니다. C안을 베이스로 독자가 '이런 그림을 그리고 싶다' 하고 생각할 만한, 그림의 매력에 무게를 둔 상황은 어떨까요.

책의 출간 시기(일본에서 2020년 9월에 출간)에 맞춰서 가을 느낌의 배색으로 진행하면 좀 더 손이 가는 커버가 될 것 같습니다.

편집자

필요조건을 정리한다

회의 후에 이번에 작성할 일러스트에 필요한 조건을 정리했습니다.

> **커버 일러스트의 필요조건**
> ① 일러스트를 그리는 싶은 사람을 사로잡을 수 있는 것
> ② 이 책에서 다루는 포인트가 포함될 것
> ③ 상황 '카메라를 든 소녀'
> ④ 하늘이 포함된 실외
> ⑤ 가을 느낌의 배색

구상에 들어간다

정리한 내용을 바탕으로 구상에 들어갑니다. ③~⑤의 장소 지정이 제약이 가장 큰 내용이므로, 가장 먼저 결정합니다.

러프를 작성한다

> ② 이 책에서 다루는 포인트가 포함될 것
>   ➡ 원근법·삼각 구도·사진 가공·역광 표현 등 이 책에서 다루는 요소를 포함한다
> ③ 상황 '카메라를 든 소녀'
>   ➡ 하굣길에 사진을 찍기 좋은 장소를 찾은 상황
> ④ 하늘이 포함된 실외
>   ➡ 하늘이 포함된 실외
> ⑤ 가을 느낌의 배색
>   ➡ 석양·복장·철의 부식 등을 이용한 가을 느낌의 배색을 적용한다
> ① 일러스트를 그리고 싶은 사람을 사로잡을 수 있는 것
>   ➡ 스스로 판단이 서지 않아서 편집자에게 의견을 구한다

Chapter 7 실전 테크닉 (커버 일러스트 메이킹)

러프의 피드백

출판사에 구상 러프를 제출하고 확인을 받습니다. 일러스트 내용은 거의 문제가 없고, 디자이너에게 책의 규격 문제로 조정이 필요하다는 피드백이 왔습니다.

커버 일러스트 러프, 대단히 좋습니다! 그리고 쉽게 만드는 일러스트이면서 이 책에서 소개하는 기법이 고르게 들어가 있고, 그렇다고 지나치게 노골적이지 않아서 무척 좋다고 생각합니다.

편집자

디자이너의 요청이 한 가지 있어서 문의드립니다. 첨부(아래의 커버 이미지)처럼 문자를 크게 넣으면 캐릭터의 머리 부근이 막힌 느낌이 들어서, 하늘 부분을 더 늘려달라는 의견입니다.

디자이너

커버 이미지(임시)

정확히 여기가 막힌 느낌이므로…

하늘, 이 파란 부분만큼 늘리면 좋겠습니다!

출판사에서 온 디자인하기 전의 커버 이미지입니다. 타이틀이 들어갔을 때 캐릭터의 머리 부근이 꽉 막힌 느낌이 듭니다. 일러스트 자체의 크기는 그대로여서, 수정하면서 윗부분의 하늘을 넓게 조절했습니다. 주변까지 그려서 디자인 작업을 할 때 레이아웃의 선택지가 많아졌습니다. 또한 이 커버 러프를 참고해 편집자가 커버 디자인에 적합하도록 타이틀을 줄였습니다.

커버 일러스트가 완성되는 과정

상용 일러스트는 출판사나 클라이언트와 협의하면서 상품의 콘셉트에 맞게 조정하고, 그림 이외의 요소와 간섭은 없는지 꼼꼼하게 확인할 필요가 있습니다. 한 번에 그리지 않고 먼저 러프를 제출하고 피드백을 받습니다.

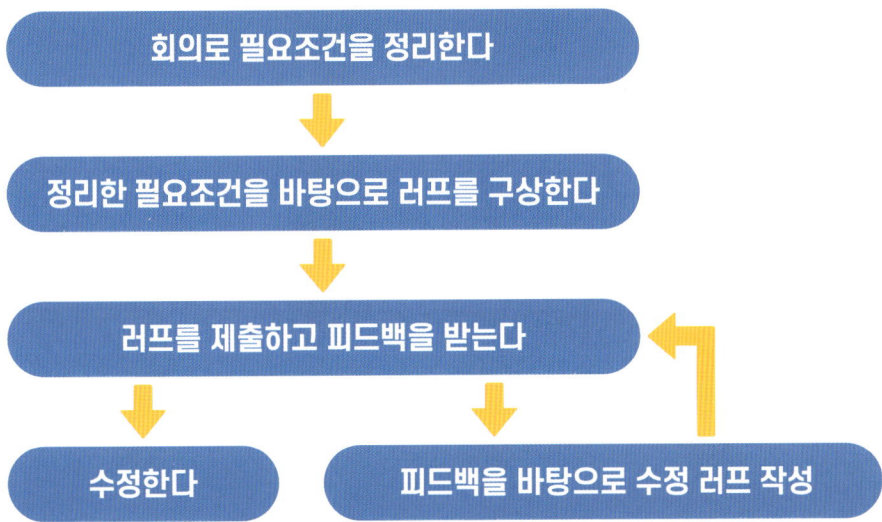

커버 일러스트의 여러 제약

104페이지에 살펴본 것과 같이 커버 일러스트는 그림에 타이틀이 들어가거나 띠지 등을 가정한 구도를 구상할 필요가 있습니다. 서적뿐 아니라 상품의 포장이나 광고도 같습니다.

편집자

책 커버나 광고는 일러스트 이외의 요소도 들어가므로, 전체 디자인 이미지부터 생각할 필요가 있습니다. 타이틀을 넣기 쉽도록 배경의 밀도가 낮은 부분을 만들거나 띠지로 가려지는 아래쪽 4분의 1에 메인 모티브를 넣지 않게 주의해주세요.

타이틀이 들어가는 영역

여기에 보여주고 싶은 모티브를 배치

띠지로 가려지는 영역

Chapter 7 실전 테크닉 (커버 일러스트 메이킹)

Step 02 전체의 인상을 좌우하는 중경~원경을 그린다

정해진 구상대로 러프가 완성되었으니 본격적인 작업에 들어갑니다. 처음부터 CLIP STUDIO PAINT를 사용해서 그리는 과정을 살펴보겠습니다. 우선 배경 전체의 이미지를 잡기 쉽도록 하늘이나 중경~원경부터 그립니다.

하늘과 구름을 그린다

우선 전체의 색감을 통일하기 쉽도록 하늘부터 시작합니다. 근경에 정보량이 많은 구성이므로 구름을 너무 많이 넣지 않고 적당히 빈 공간을 만듭니다.

밑칠을 한다

먼저 하늘의 베이스색으로 밑칠을 하고 화면 위로 점차 진해지는 그러데이션을 작성합니다. 그러데이션 작성은 밑칠 레이어 위에 신규 레이어를 작성하고 에어브러시를 사용해 분홍색을 올린 다음 레이어 합성 모드를 곱하기로 설정합니다.

구름을 그린다

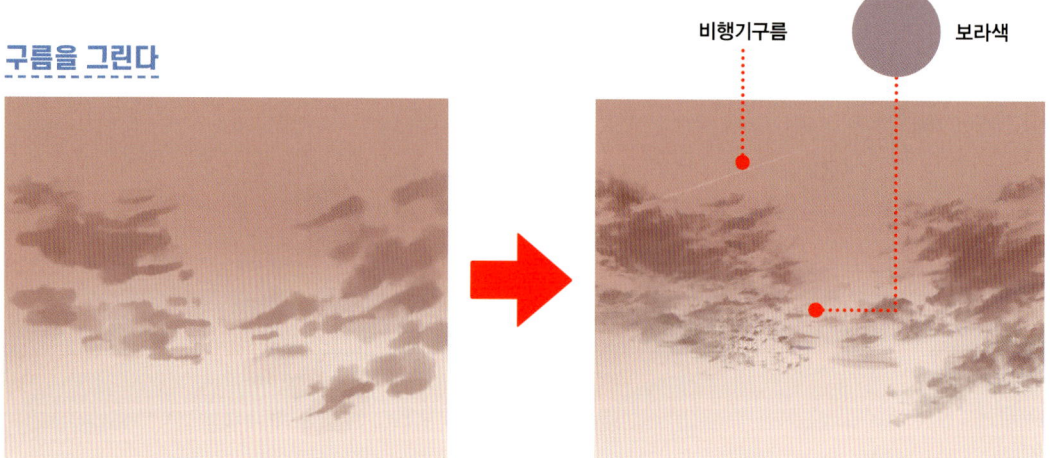

비행기구름   보라색

구름은 [번짐 가장자리 수채] 브러시를 이용해 대강 형태를 잡고 디테일을 그립니다. 단조롭지 않도록 구름의 크기와 형태에 변화를 주거나 보라색을 넣어 색의 폭을 넓힙니다. 멀리 떨어진 비행기구름을 그렸습니다.

구름 연출: 오버레이

❶

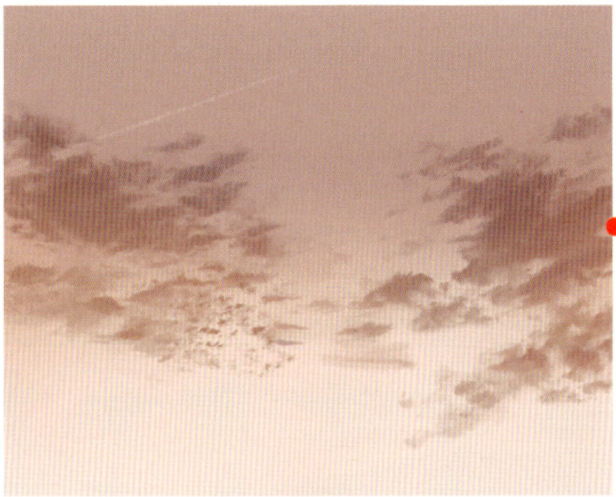

❷

레이어 구성

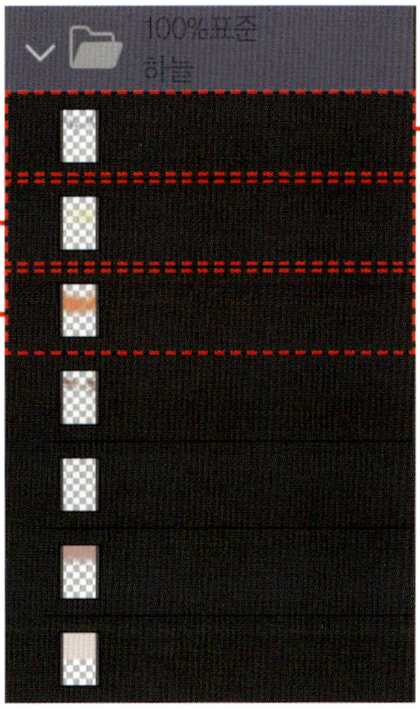

❸

하늘에 연출을 더합니다.
❶ 레이어의 합성 모드를 오버레이로 설정하고 신규 레이어를 작성합니다. 하늘 중앙(태양의 위치)에 선명한 오렌지색을 올립니다.
❷ 발광 닷지 레이어에 에어브러시를 사용해 태양의 위치에 빛 효과를 더합니다.
❸ 오버레이 레이어를 추가하고, 하늘 윗부분에 진한 보라색을 올려 하늘의 대비를 높입니다.

Chapter 7 실전 테크닉 (커 버 일 러 스 트 메 이 킹)

길거리를 작성한다

중경(집)~원경(빌딩 숲)인 길거리를 작성합니다. 강조하고 싶은 근경의 지면이나 울타리는 꼼꼼하게 그리고, 중경~원경의 길거리는 사진 가공을 이용해 간단하게 정보량을 높입니다.

3장의 사진을 합성한다

시골과 도시의 건물을 조합해 높이 차이가 큰 모습을 표현하려고 ❶❷❸의 사진 3장을 준비했습니다. 합성하면 근경의 집에 가려지므로 원근을 철저하게 따질 필요는 없지만 모두 높은 위치에서 찍은 느낌의 사진을 골랐습니다.

❶의 눈높이
❸의 눈높이
❷의 눈높이

투시도를 기준으로 소실점을 찾은 뒤에 눈높이를 찾아보면 각각의 사진이 전부 다른 것을 알 수 있습니다. 크게 위화감이 없다면 최대한 보기 좋은 형태로 합성해도 충분합니다.

108

앞쪽의 집

정보 정리

앞쪽의 집부터 시작합니다. 정보량이 많은 사진은 새로 레이어를 작성하고, 브러시로 적당히 디테일을 걷어냅니다. 작은 음영이나 질감은 [펜] 도구 등을 사용해 덧칠합니다. 건축물처럼 직선적인 대상은 [직선] 도구를 사용하면 편합니다. 집 앞의 나무는 브러시로 덧칠해 지웠습니다.

연출을 더한다

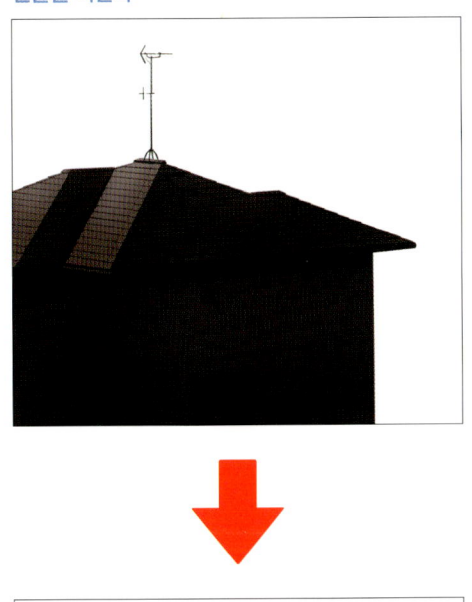

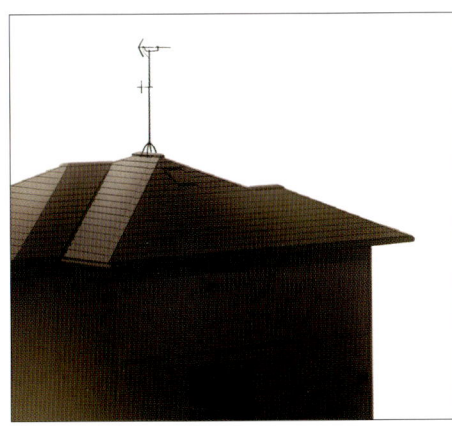

레이어 구성

빛과 음영의 연출을 더합니다. 2개의 레이어를 작성하고 [직선] 도구를 사용해 또렷하게 그린 음영과 에어브러시를 사용한 부드러운 음영을 각각 나눠 그립니다. 빛도 더하기(발광) 레이어로 부드러운 빛을 더하고, 세밀한 하이라이트를 스크린 레이어로 넣습니다. 오버레이 레이어에 의한 태양광의 영향을 생각해 오렌지색을 넣었습니다.

안쪽의 집

정보 정리와 연출

앞쪽 집처럼 안쪽의 집도 브러시를 사용해 묘사의 정보를 줄입니다. 수정할 때는 전봇대 등은 실루엣을 인식하기 쉽게 어둡게 정리합니다.

음영과 빛의 영향도 앞쪽의 집과 동일한 방식으로 더하고, 오버레이 레이어를 추가해 색감을 통일합니다.

빌딩

정보 정리

원경의 빌딩도 정보를 정리하는데, 111페이지에서 공기원근법 효과로 전체의 디테일을 줄일 수 있으므로 특별히 눈을 끄는 옥상의 시설물❶을 중심으로 처리합니다. 시선이 자연스럽게 집중되기 쉬운 밝은 부분은 어두운 면을 만들면 사진의 생생함을 줄일 수 있어서 ❷ 부근의 묘사를 브러시로 적당히 지웠습니다.

공기원근법과 연출

레이어 구성

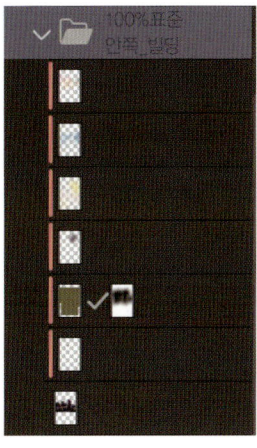

공기원근법 효과를 더해 안쪽 빌딩의 원근감을 살립니다. 스크린 레이어로 옅은 하늘색을 추가해 거리감을 더하고, 표준 레이어로 옅은 오렌지색을 올려서 디테일을 줄였습니다. 보라색이 강했던 원본 사진은 오버레이 레이어를 추가하고 중경의 집을 기준으로 색감을 조절했습니다.

미세 조절을 한다

집 앞에 새로운 나무를 그려 넣습니다. 실루엣을 알기 쉽도록 어두운색을 올리고 세밀한 하이라이트를 넣었습니다.

이 일러스트는 근경(울타리) → 원경(빌딩 숲) → 중경(집) 순으로 배치된 구성이므로 중경에 있는 집의 주장이 약해지도록 조절합니다. 집과 나무 레이어 위에 새로 곱하기 레이어를 작성하고 왼쪽처럼 에어브러시로 음영을 더했습니다.

Step 03 디테일을 잡으면서 근경을 그린다

Chapter 7 실전 테크닉 (커버 일러스트 메이킹)

근경의 지면과 울타리를 그립니다. 중경~원경은 가공한 사진을 사용했지만 근경은 가장 눈에 띄는 부분이므로 질감과 디테일을 잡으면서 정확하게 작성합니다.

지면(콘크리트)

밑칠을 한다

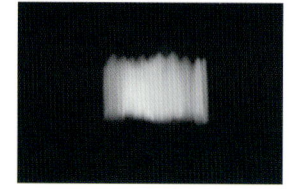

각각의 레이어에 벽면과 지면의 밑칠을 합니다. 신규 레이어를 추가하고 클리핑 마스크를 작성해 질감을 묘사합니다. 지면과 콘크리트의 채색 방법은 86~87페이지를 참고하세요. 세밀한 선 모양의 오염 등은 [오일파스텔] 브러시를 사용했습니다.

[오일파스텔]은 CLIP STUDIO ASSETS(http://assets.clip-studio.com/ko-kr/)에서 배포하는 브러시입니다.

음영과 연출을 더한다

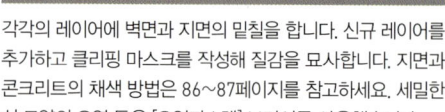 

곱하기 레이어를 작성하고 음영 효과를 더합니다. 그저 콘크리트뿐인 지면은 밋밋하므로 낙엽을 그려 넣었습니다. 낙엽은 3종류 정도를 그려서 복제했습니다.

울타리

블록을 그린다

울타리 기둥을 지탱하는 블록을 그립니다. 먼저 형태를 잡고 밑칠을 하는데, [거친 펜]을 사용하면 꺼칠한 블록 표면의 리얼한 질감을 표현하기 쉽습니다. 윗면·옆면을 각각 칠하고 지면과 동일하게 질감을 더합니다. 그런 다음 곱하기 레이어로 음영을 넣습니다. 하나의 블록을 완성하고 나서 반대쪽에도 복제합니다.

기둥을 그린다

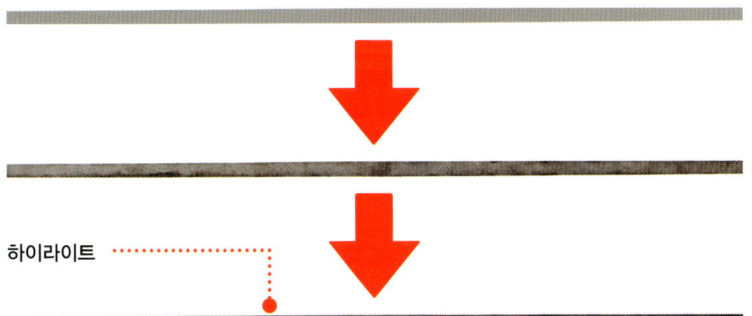

하이라이트

울타리의 기둥을 그립니다. 하나만 그리고 복제해서 사용합니다. 울타리도 종류가 다양한데 이번에는 철봉을 사용한 것을 그립니다. 먼저 밑칠로 형태를 잡고 질감을 더합니다. 콘크리트와 동일하게 [번짐 스프레이]나 [톤 깎기] 등으로 색의 얼룩과 붉은 녹을 그리면 리얼한 질감을 표현할 수 있습니다. 끝으로 음영과 하이라이트를 추가합니다.

복제해서 기둥을 그린다

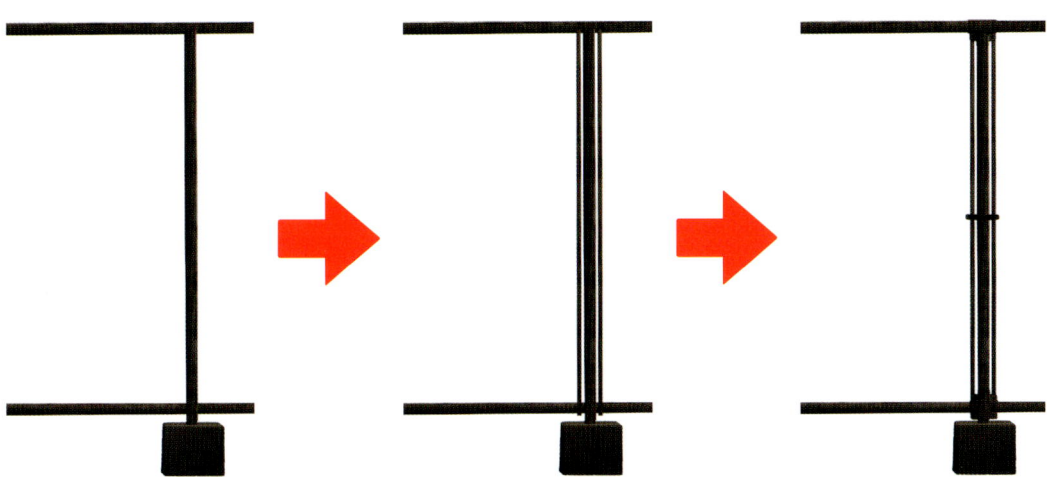

철봉을 복제합니다. 세로 기둥은 아래의 사진(왼쪽) 중에 여러 개의 부품으로 구성된 것을 참고해서 그렸습니다.

✕

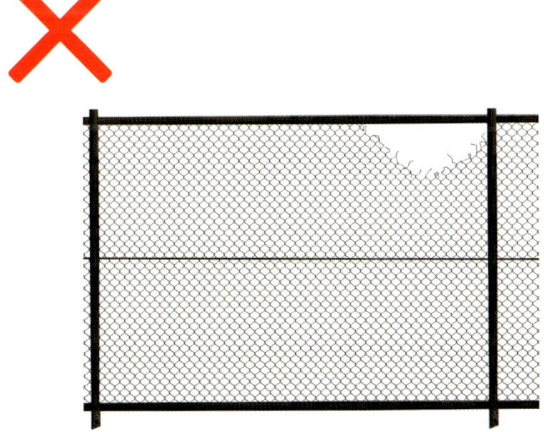  

대강 느낌으로만 그리면 설득력이 없습니다. 울타리도 다양한 타입이 있으니 자료를 참고해서 그립니다.

Chapter 7 실전 테크닉 (커버 일러스트 메이킹)

철망을 그린다

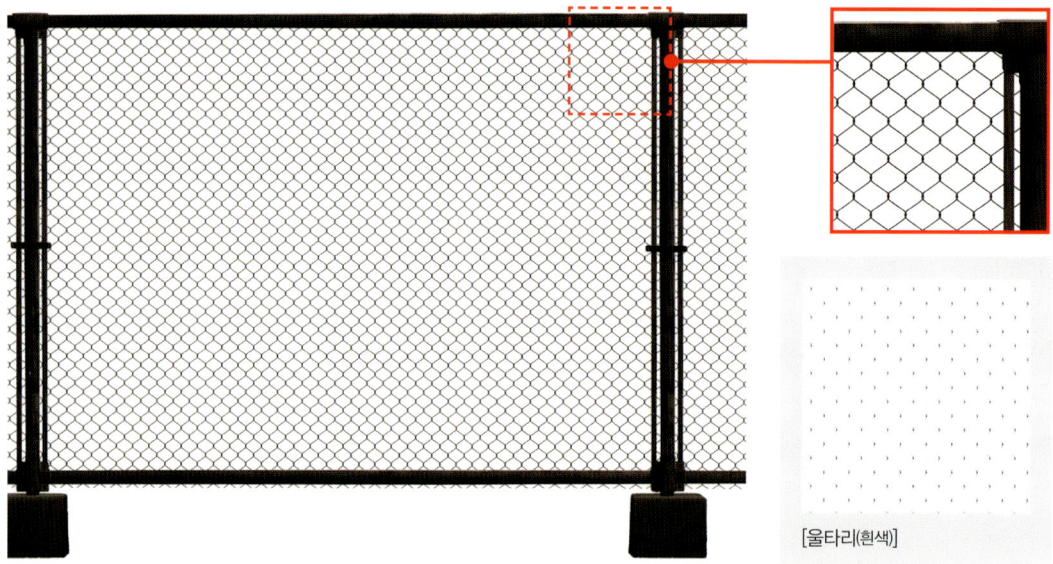

[울타리(흰색)]

[울타리(흰색)]를 사용해 철망을 작성합니다. [울타리(흰색)]는 CLIP STUDIO ASSETS(http://assets.clip-studio.com/ko-kr/)에서 배포하는 소재입니다. 알맞은 크기로 [울타리(흰색)]를 배치한 다음 곱하기 레이어를 새로 작성하고 [클리핑 마스크]를 적용해 철망의 색을 기둥에 맞게 조절합니다.

철망을 조절한다

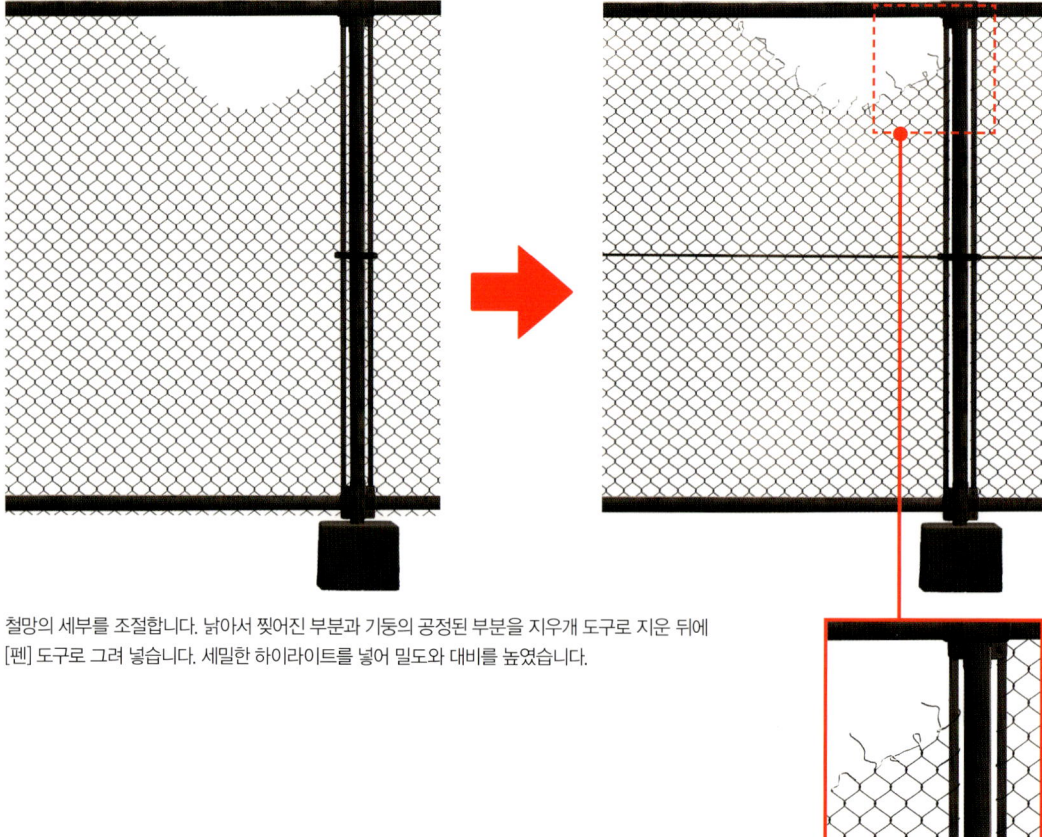

철망의 세부를 조절합니다. 낡아서 찢어진 부분과 기둥의 공정된 부분을 지우개 도구로 지운 뒤에 [펜] 도구로 그려 넣습니다. 세밀한 하이라이트를 넣어 밀도와 대비를 높였습니다.

근경(벤치와 자전거)

근경에 있는 벤치와 자전거를 그립니다. 각각의 질감을 더하고, 일러스트의 분위기에 알맞은 낡은 벤치와 깔끔하게 손질된 자전거의 대비를 표현합니다.

벤치를 그린다

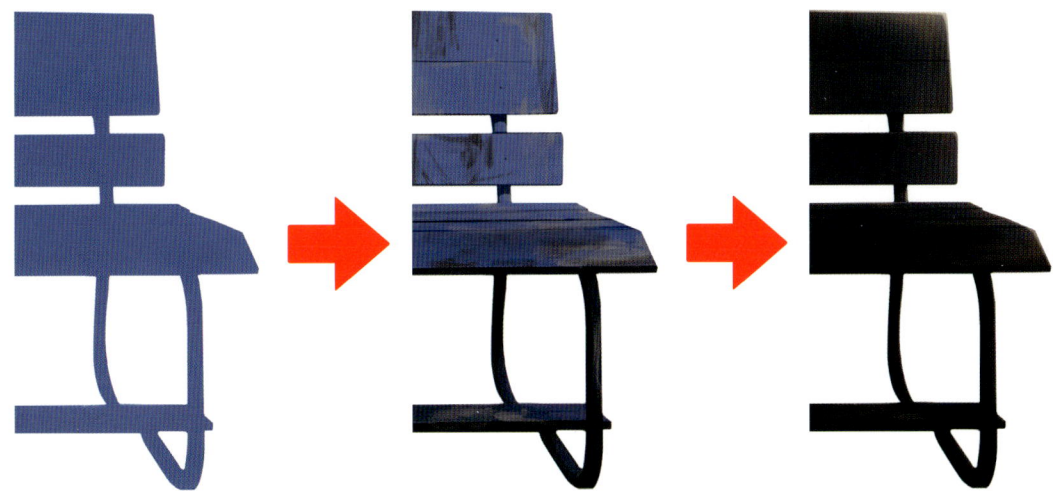

실루엣을 잡고 음영과 녹슨 부분 등을 더합니다. 그저 단색으로 표현하는 것이 아니라 밝은 갈색과 진한 갈색을 조합합니다. 끝으로 음영과 빛 연출을 더합니다.

자전거를 그린다

자전거는 철과 고무 등의 질감 차이에 주의해서 그립니다. 특히 철은 대비가 강하므로 질감을 표현하기 쉽습니다. 채색이 끝난 뒤에 다른 것과 마찬가지로 음영과 빛 연출을 더하고 다듬습니다.

Chapter 7 실전 테크닉 (커버 일러스트 메이킹)

Step 04 캐릭터를 그린다

근경에서 원경까지 어느 정도 완성되었다면 다음은 주역인 캐릭터를 그립니다. 배경에 묻히지 않도록 주의하면서, 석양의 영향을 강하게 반영해 밝고 선명하게 처리합니다.

캐릭터의 처리

❶ 러프

러프를 작성할 때 카메라는 CLIP STUDIO ASSETS(http://assets.clip-studio.com/ko-kr)에서 배포하는 3D소재를 사용했습니다. 캐릭터 손에 맞춰 카메라의 크기와 방향을 조절합니다.

❷ 선화

러프를 바탕으로 선화를 그립니다. 배경의 선 표현과 마찬가지로 선의 강약을 조절합니다.

❸ 채색

부분별로 레이어를 작성하고 색을 칠합니다.

❹ 음영과 질감

레이어별로 클리핑 마스크를 적용한 레이어를 추가하고 음영과 질감을 더합니다. 카메라 채색은 3D 소재의 밑칠 레이어에 클리핑 마스크를 적용하고, [펜] 도구 등으로 디테일을 조절했습니다.

❺ 연출과 하이라이트

레이어 구성

- 가는 머리카락
- 석양의 빛2
- 세밀한 하이라이트
- 렌즈의 빛
- 석양의 빛1
- 음영
- 선화와 채색을 통합한 폴더

배경을 표시하고 밸런스를 잡으면서 캐릭터를 다듬습니다. 위의 레이어 구성에서 불필요하게 레이어가 늘어나게 되지만 72페이지에서 소개한 역광 가공을 캐릭터에게 적용하는 것입니다.

배경보다 캐릭터가 석양의 영향을 강하게 받는데, 주역인 캐릭터를 강조하려는 의도도 있습니다. 이것을 기준으로 118페이지에서 배경에 연출을 조금 더합니다.

Chapter 7 실전 테크닉 (커버 일러스트 메이킹)

Step 05 조명과 장식으로 연출한다

끝으로 연출을 더해 일러스트의 분위기를 통일하고 완성도를 높입니다. 음영과 빛을 강조하고 화면에 장식으로 까마귀를 더합니다.

지면의 그림자

❶ 레이어를 표시한다

❷ 그림자를 반영하고 싶은 오브젝트를 복제

캐릭터 · 울타리 · 벤치 · 자전거를 복제하고 상하 반전으로 그림자를 만든다

❸ 변형과 흐림 효과를 더한다

지면에 역광에 맞춰서 그림자를 넣습니다. 캐릭터·울타리·벤치·자전거 레이어를 복제한 것을 결합하고 [편집] → [변형] → [상하 반전]으로 변형합니다. 뒤집힌 복제 레이어를 단색으로 채우고, 합성 모드를 곱하기로 설정합니다. 그런 다음 태양의 위치에 알맞게 그림자를 비스듬히 변형하고 [필터] → [흐리기] → [가우시안 흐리기]를 적용했습니다.

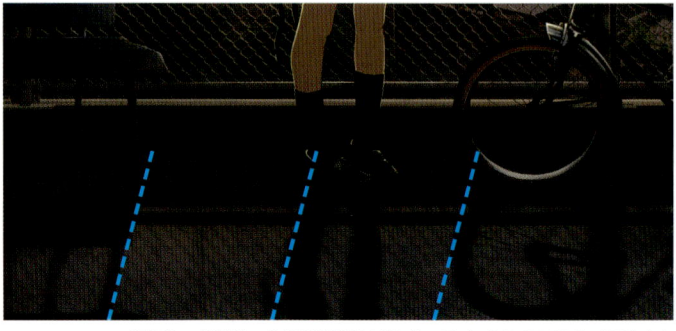

[편집] → [변형] → [자유변형]을 사용해 그림자 레이어를 살짝 기울입니다.

빛 연출

❶ 지면의 빛

지면에 석양 효과를 더합니다. 신규 레이어를 작성하고 에어브러시로 지면에 오렌지색을 올립니다. 레이어 합성 모드는 오버레이로 설정합니다.

❷ 채도를 높인다

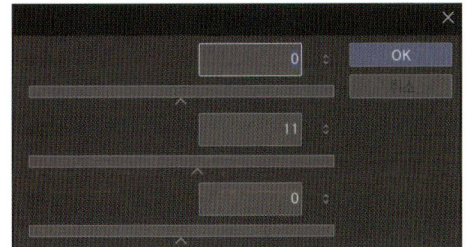

배경 전체의 채도를 높입니다. [레이어] → [신규 색조 보정 레이어] → [색조/채도/명도]를 선택하고 채도의 값을 조금씩 높이면서 조절합니다.

❸ 석양 효과

레이어 구성

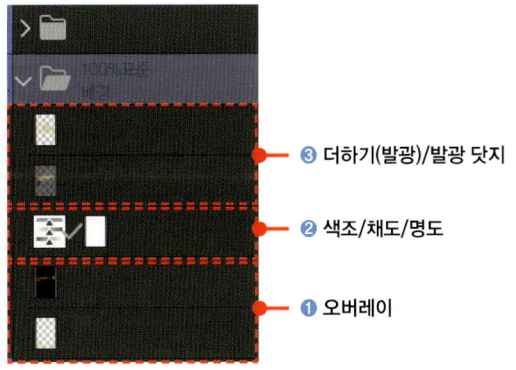

- ❸ 더하기(발광)/발광 닷지
- ❷ 색조/채도/명도
- ❶ 오버레이

석양의 빛을 강조합니다. 더하기(발광)나 발광 닷지 레이어를 추가하고, 에어브러시로 오렌지색과 빨간색을 올립니다. 석양의 위치를 캐릭터의 얼굴 뒤에 정확히 설정한 덕분에 캐릭터가 더 돋보이게 되었습니다.

장식을 더한다

❶ 안쪽의 까마귀

[펜] 도구를 사용해 멀리 있는 까마귀의 실루엣을 그립니다. 각도나 날개의 형태 등을 다르게 그립니다.

❷ 앞쪽의 까마귀

앞쪽에도 까마귀를 3마리 추가합니다. 근경은 눈에 잘 띄기 때문에 부리·발·날개의 디테일을 묘사합니다. 움직임을 표현하려고 왼쪽 아래에 있는 까마귀는 [필터] → [흐리기] → [가우시안 흐리기]를 적용했습니다. 묘사가 끝나면 다른 오브젝트와 마찬가지로 음영과 빛 효과를 추가하고 다듬습니다.

❸ 까마귀의 깃털

까마귀의 깃털을 1장 그리고 복제해서 사용합니다. [펜] 도구를 사용해 실루엣을 그리고 [손끝] 도구를 사용해 끌어당기듯이 그렸습니다. [손끝] 도구를 사용하면 적당히 흐릿한 느낌이 생깁니다.

완성한 깃털을 앞쪽·중앙·안쪽에 다양한 크기로 배치합니다. 앞쪽의 깃털은 [필터] → [흐리기] → [이동흐리기]를 적용하고 원근감을 과장하는 카메라로 찍은 듯한 효과를 더합니다. 이상으로 완성입니다.

Chapter 8
첨삭 편

끝으로 일러스트 전문학교 학생들의 습작과 첨삭한 예를 보면서 완성도를 높이는 구체적인 방법을 소개합니다. 교토예술디자인전문학교에서 개최한 온라인 강좌를 재편집한 내용입니다.

Chapter 8 첨삭 편

01 실내 일러스트 ❶

소녀의 방을 그린 일러스트입니다. 일러스트이므로 반드시 실물의 크기대로 그릴 필요는 없지만, 눈에 띄는 부분의 모순이 크면 위화감이 느껴집니다. 크기 조절에 관한 내용과 테마에 적합한 구도의 선택부터 다시 살펴보았습니다.

실물의 크기를 조사한다

Before / 수정 전

캐릭터와 비교해보면 잡지가 너무 작아서 눈에 띕니다. 단순히 잡지의 크기만 조절해도 되지만 가구나 창문의 크기까지 전체의 밸런스를 다시 잡아주겠습니다.

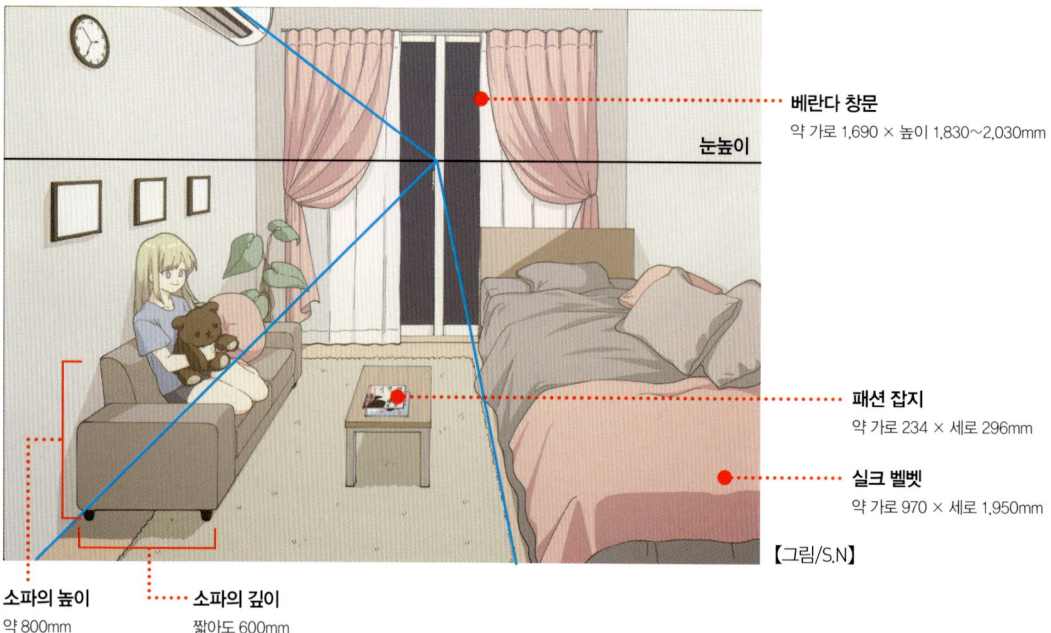

베란다 창문
약 가로 1,690 × 높이 1,830~2,030mm

패션 잡지
약 가로 234 × 세로 296mm

실크 벨벳
약 가로 970 × 세로 1,950mm

【그림/S.N】

소파의 높이
약 800mm

소파의 깊이
짧아도 600mm

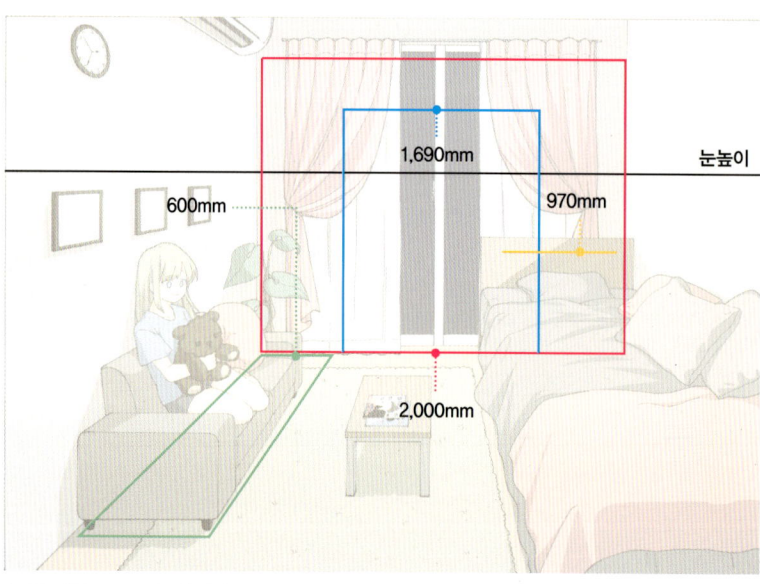

소파를 기준으로 크기를 측정하면 원룸의 평균 크기에 비해 창문이 크고, 침대도 싱글이라기에는 크다는 것을 알 수 있습니다.

124

밸런스를 조절한다

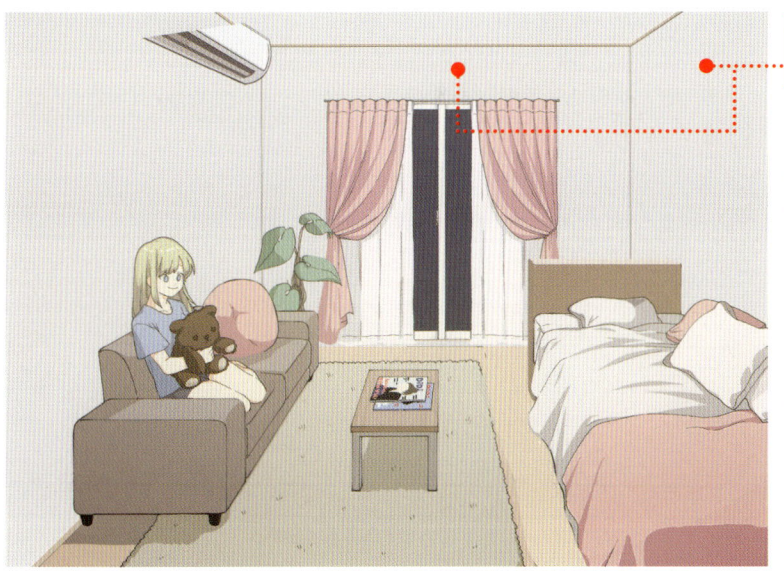

빈 공간이 많아져 조금 허전한 인상…

전체의 크기를 조절했습니다. 빈 공간이 많아진 만큼 그려야 할 것들이 많아져서 힘들기 때문에 테마를 정리하고 구도부터 다시 잡습니다.

방 천장의 높이

건축기준법에 따르면 천장의 높이는 2,100mm 이상으로 정해져 있으나 아파트의 천장 높이는 2,500mm 정도가 많다고 합니다.

테마를 정리한다

그림에서 읽을 수 있는 정보	하나의 통일된 테마로 정리한다
새벽 2 : 35	조명을 밤에 어울리게
심야인데 열려 있는 커튼	기쁜 일이 있어서 잠들지 못하고 야경을 보고 있는 상황
웃는 소녀	시선이 밖으로 향한다
미묘한 표정의 곰 인형	곰 인형의 표정을 곤란한 느낌으로 과장한다
여성 패션 잡지와 침대	테마에 꼭 필요하지 않으므로 없어도 된다

 테마에 맞춰서 구도를 바꾼다

After / 수정 후

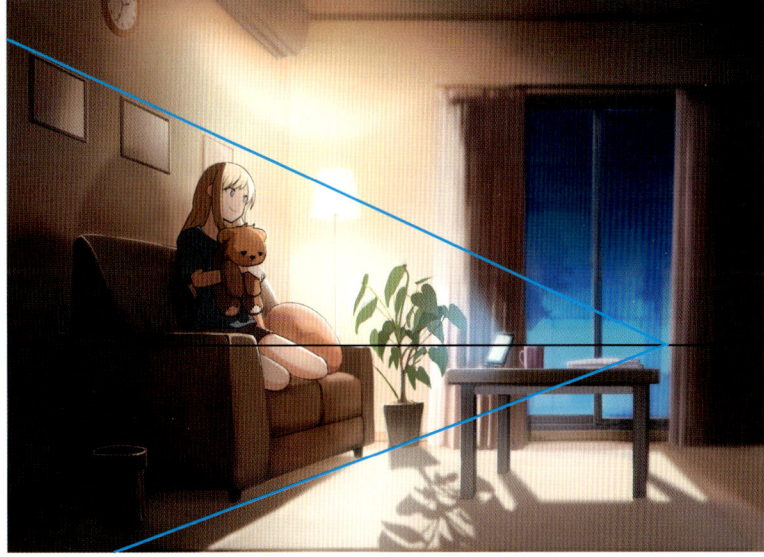

눈높이

눈높이가 높은 하이앵글에 가까운 구도는 화면에 담기는 정보가 많습니다. 비교적 방 전체를 보여줄 수 있는 대신 공간이 좁아 보이기도 합니다. 눈높이를 낮춰서 보여주고 싶은 것을 제한하면 공간을 넓게 표현할 수 있습니다. 소녀의 시선이 창문으로 향하므로 【소녀 → 창문】으로 일러스트에서 가장 보여주고 싶은 요소로 시선을 유도하는 것도 가능해졌습니다.

Chapter 8 첨삭 편

02 실내 일러스트 ❷

선화의 묘사가 매력적인 실내 일러스트이지만 원경의 밀도가 너무 높아서 원근감이 약합니다. 묘사량을 조절해 원근감을 살리고, 입사광 표현을 넣어 사실적인 분위기를 만들었습니다.

Before / 수정 전

- 유리나 조명이 인식하기 어렵다
- 채도가 높은 잎으로 시선이 흘러간다
- 【그림/옐】
- 천의 색이 진해서 신발과 구분되지 않는다

After / 수정 후

- 금속이나 유리는 세밀한 묘사로 대비를 높인다

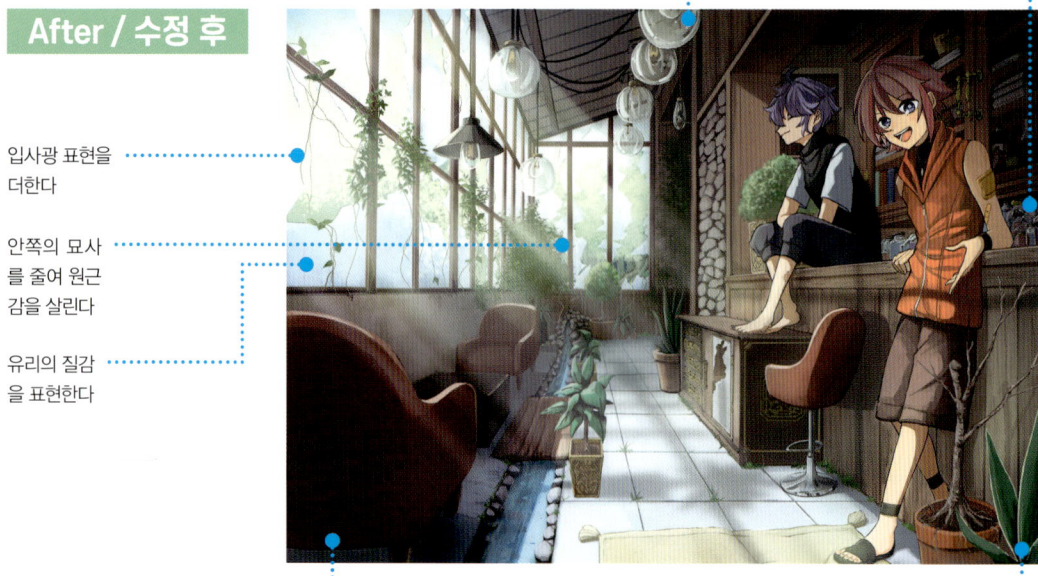

- 입사광 표현을 더한다
- 안쪽의 묘사를 줄여 원근감을 살린다
- 유리의 질감을 표현한다
- 오른쪽의 캐릭터가 강조되게 그림자를 강하게 넣는다
- 앞쪽은 확실하게 묘사해 리얼리티를 살린다

03 열차 내부 일러스트

상황을 이해하기 쉬운 매력적인 일러스트입니다. 첨삭은 디테일과 라인리딩을 위주로 조절했습니다.

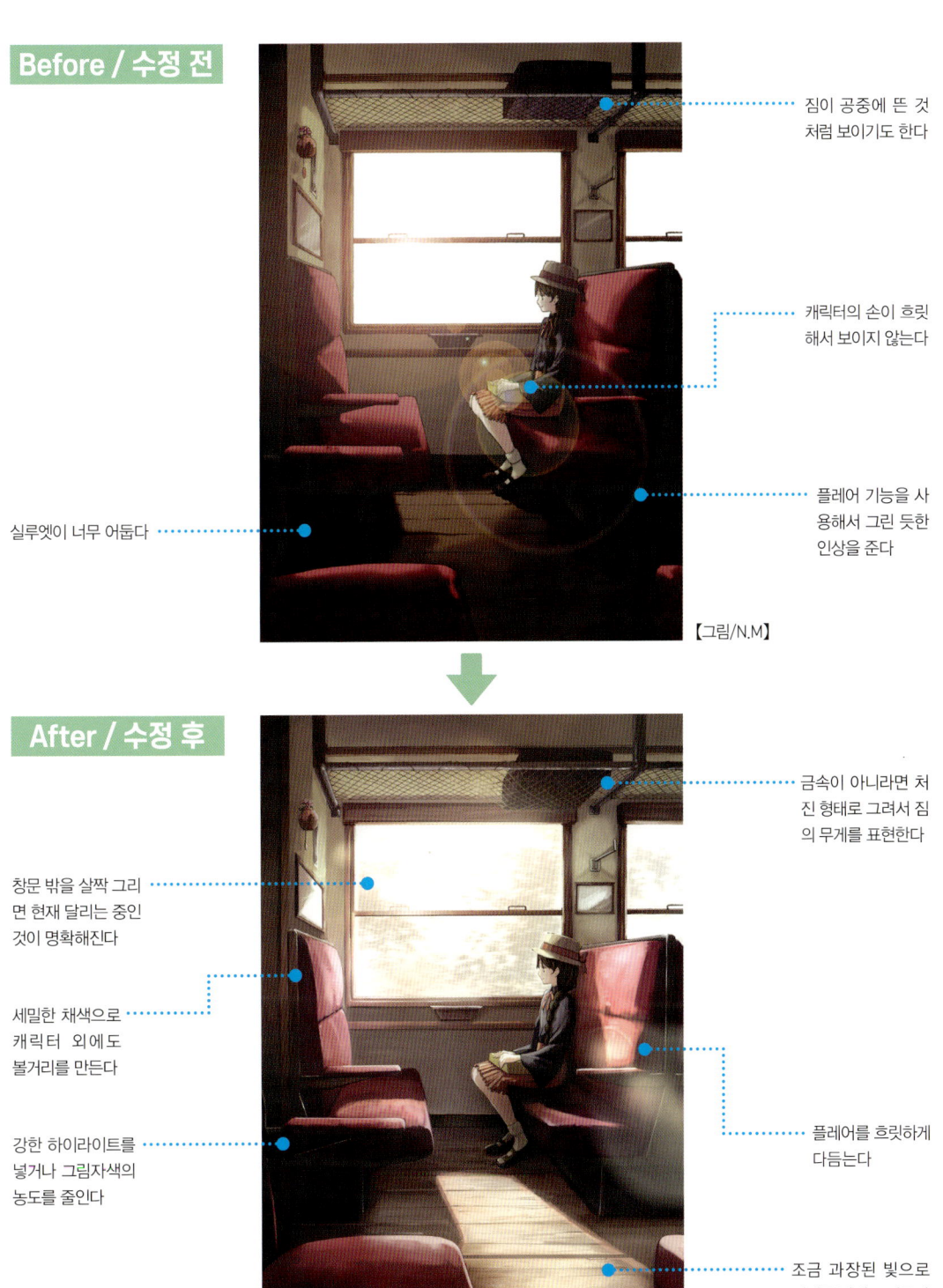

Before / 수정 전

- 짐이 공중에 뜬 것처럼 보이기도 한다
- 캐릭터의 손이 흐릿해서 보이지 않는다
- 플레어 기능을 사용해서 그린 듯한 인상을 준다
- 실루엣이 너무 어둡다

【그림/N.M】

After / 수정 후

- 창문 밖을 살짝 그리면 현재 달리는 중인 것이 명확해진다
- 세밀한 채색으로 캐릭터 외에도 볼거리를 만든다
- 강한 하이라이트를 넣거나 그림자색의 농도를 줄인다
- 금속이 아니라면 처진 형태로 그려서 짐의 무게를 표현한다
- 플레어를 흐릿하게 다듬는다
- 조금 과장된 빛으로 전체를 밝게 보여준다

Chapter 8 첨삭 편

04 상점 일러스트 ❶

자연에 둘러싸인 상점 일러스트입니다. 눈높이를 조절해 모티브의 배치와 크기를 정리하고, 공기원근법과 라인리딩을 더했습니다.

Before / 수정 전

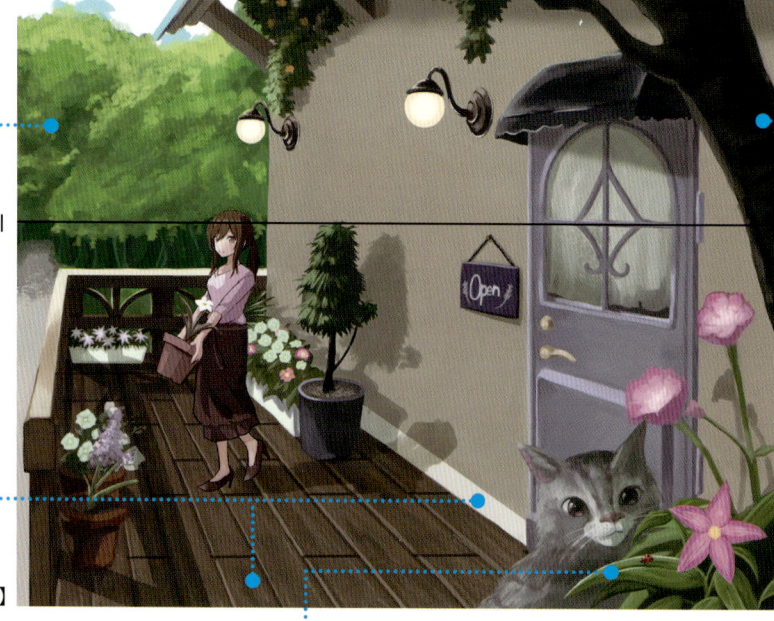

- 공기원근법 효과가 옅어서 원근감이 약하다
- 눈높이
- 목재의 폭이나 고양이에 비해 캐릭터가 너무 작게 느껴진다
  【그림/후타에고】
- 고양이가 높은 위치에 있는 것처럼 보인다
- 앞쪽에 있는 나무·꽃·고양이의 전후 관계가 모호하다

After / 수정 후

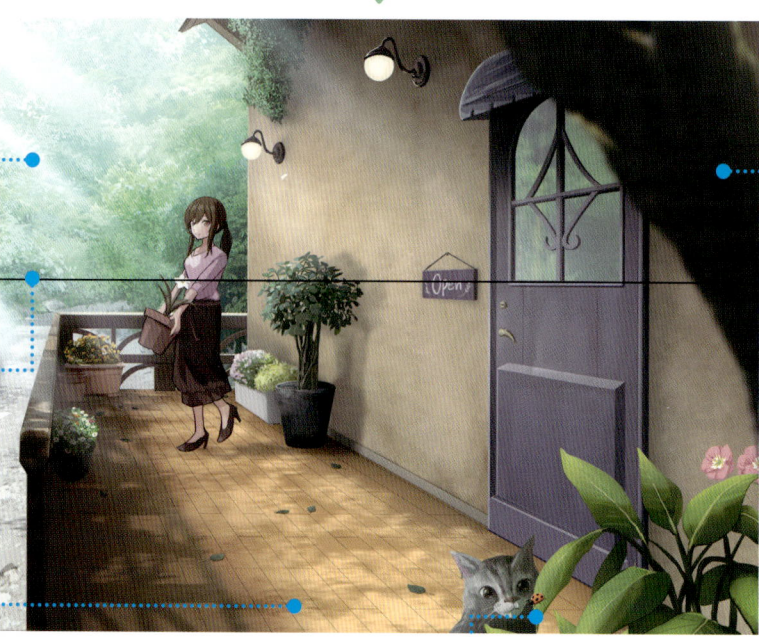

- 원경을 햇살로 흐릿하게 만들어 원근감을 살린다
- 눈높이
- 눈높이를 낮춰서 깊이가 생긴 캐릭터가 돋보이고, 고양이의 배치도 위화감이 느껴지지 않는다
- 목재를 가늘게 그린다
- 무당벌레를 강조하고 싶어서 꽃의 존재감을 줄였다
- 앞쪽에 있는 나무의 크기를 키우고 흐림 효과를 더해 거리감을 표현했다

05 상점 일러스트 ❷ (사진 가공)

사진 가공을 이용해 그린 서점 일러스트입니다. 사진을 꼼꼼하게 처리하고 필터 가공을 더해 밋밋하던 인상을 보강합니다.

Before / 수정 전

배경에 비해 캐릭터의 명암 대비가 약하고 색의 폭이 좁은 탓에 캐릭터가 눈에 띄지 않는다

필터 가공으로 디테일이 지워진 부분이 너무 눈에 띈다

【그림/S.N, 사진제공/kyoto.tips】

After / 수정 후

금속을 세밀하게 묘사한다

눈에 띄는 앞쪽 디테일을 보강한다

주역인 캐릭터가 돋보이도록 창문과 캐릭터의 명암 차이를 높인다

그러데이션을 넣어 오른쪽 위가 점점 밝아진다

지붕이 만드는 그림자를 넣는다

오른쪽 아래의 지면에도 밝은 부분을 만들어 전체의 인상이 가벼워졌다

사진 처리

사진 　　　　　Photoshop의 필터 가공　　　　　브러시로 수정

Photoshop의 필터 가공(P.26)을 이용해 사진의 정보량을 줄이면 디테일이 지워져 사물의 형태를 알기 어려워질 때도 있습니다. 브러시로 수정을 더해 디테일을 다듬습니다.

06 거리 일러스트(밤)

여름 축제가 테마인 일러스트입니다. 화면의 인상이 약간 답답하고 밤거리의 화려함이 보이지 않아 원근감과 라인리딩을 더합니다.

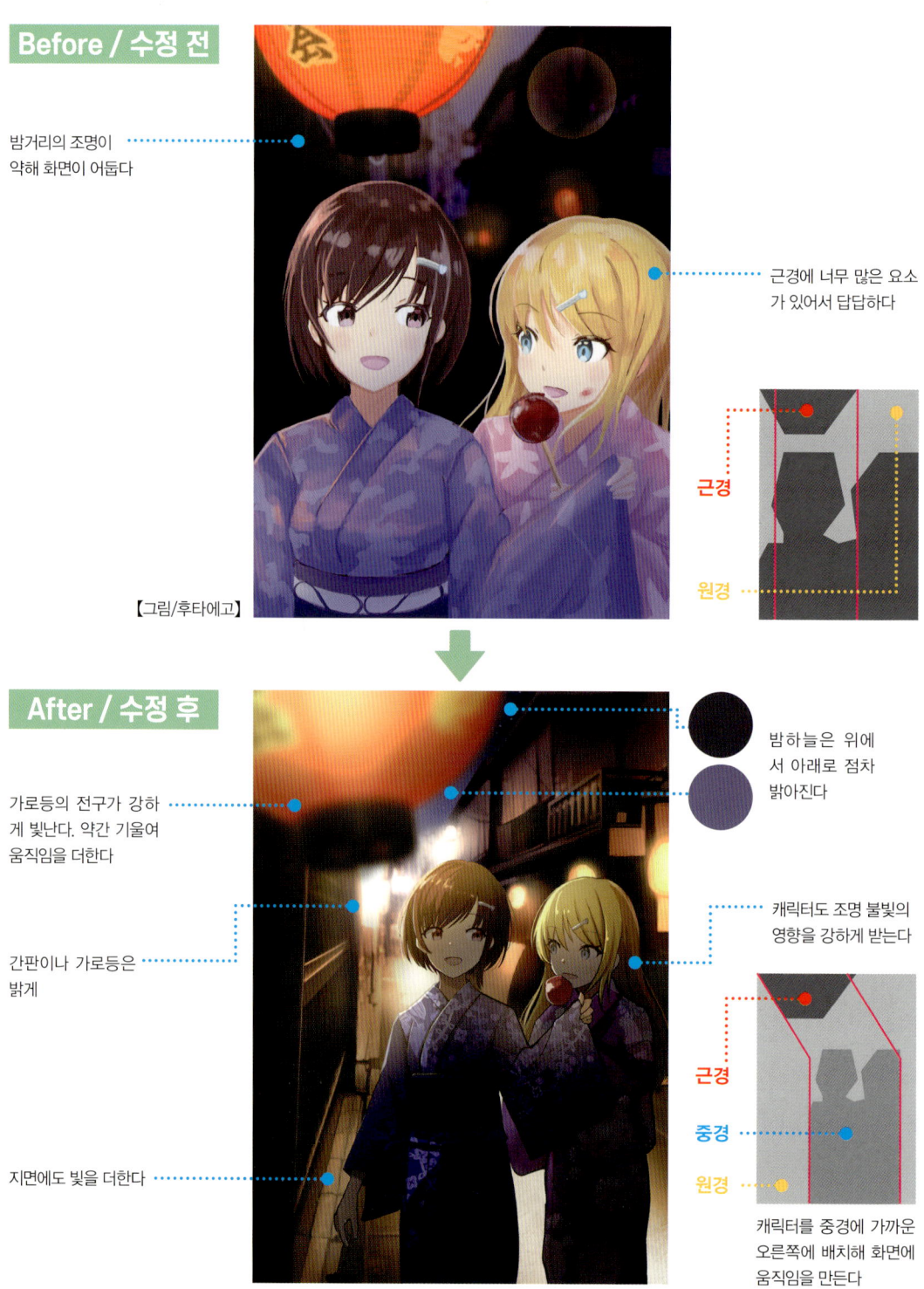

Before / 수정 전

- 밤거리의 조명이 약해 화면이 어둡다
- 근경에 너무 많은 요소가 있어서 답답하다

【그림/후타에고】

After / 수정 후

- 가로등의 전구가 강하게 빛난다. 약간 기울여 움직임을 더한다
- 간판이나 가로등은 밝게
- 지면에도 빛을 더한다
- 밤하늘은 위에서 아래로 점차 밝아진다
- 캐릭터도 조명 불빛의 영향을 강하게 받는다
- 캐릭터를 중경에 가까운 오른쪽에 배치해 화면에 움직임을 만든다

07 거리 일러스트(늦은 오후)

하교 중인 장면을 그린 일러스트입니다. 배경은 사진 가공을 이용했습니다. 석양은 어둡게 표현하기 쉬운데, 강약을 조절해 보기 좋은 그림으로 수정합니다.

Before / 수정 전

【그림/왕왕】

- 구름의 디테일이 어설프다
- 원경이 진해서 원근감이 약하다
- 앞쪽은 울타리와 캐릭터의 전후 관계가 명확하지 않다
- 검은색에 가까운 그림자색을 피한다
- 오른쪽 아래에 캐릭터가 집중되어 무거운 인상
- 에어브러시에 너무 의존한 탓에 면의 표현이 약한 채색

After / 수정 후

- 전봇대나 전선은 선명하게 그리고, 하이라이트를 넣는다
- 근경을 묘사한다
- 그림자 속에 보라색을 넣는다
- 햇살의 끝에 캐릭터를 배치한다
- 캐릭터 사이를 붙여서 무거운 분위기를 줄인다

Chapter 8 첨삭 편

08 거리 일러스트(눈)

눈이 쌓인 거리를 그린 일러스트입니다. 전체의 색감이나 눈 표현을 조절해, 겨울의 추운 느낌을 살립니다.

Before / 수정 전

하늘색·보라색·녹색 등 다채로운 색을 사용했다. 색이 너무 많은 것은 아니지만 통일된 분위기를 연출하기에는 난이도가 높아서 푸른 하늘과 눈이 돋보이도록 조절한다

눈의 음영이 너무 탁해 보인다

【그림/祐士】

발자국의 원근감이 약해 너무 크게 느껴진다

앞쪽의 나무는 색이 진하고 원근감이 약한 탓에 캐릭터가 돋보이지 않는다

After / 수정 후

눈을 새하얀색이 아니라 푸르스름한 느낌으로 표현한다

눈의 음영은 푸른 하늘의 영향을 받아 하늘색으로

쌓인 눈의 면적이 넓어져서 허전하다면 바위나 풀 등을 이용해 정보량을 늘린다

발자국은 원근감이 느껴지게 압축하고, 다양한 형태와 방향으로 그린다

캐릭터의 위치를 조금 왼쪽 위로(3분할선에 가까운 위치)

눈사람의 방향도 정면으로

가지나 쌓인 눈으로 근경의 정보량을 늘린다

09 환상적인 일러스트 ❶

앞쪽의 수면에 이윽고 가족이 될 두 사람의 미래가 비치는 환상적인 일러스트입니다. 화면의 여러 곳으로 흩어지는 시선을 테마가 잘 전달되도록 정리합니다.

Before / 수정 전

- 문자 정보가 필요 이상으로 시선을 끄는 경향이 있다
- 채색이 적은 부분이 나쁜 의미로 눈에 띈다
- 배경이 밝으면 내리는 눈이 보이지 않는다
- 구름의 그림자 색이 탁하다
- 석양 표현이 약하다
- 쌓인 눈과 내리는 눈이 뒤엉킨 인상

【그림/우리타】

After / 수정 후

- 배경도 역광의 영향이 강하다
- 빛과 그림자 등을 더해 문자를 흐릿하게 만든다
- 대비를 높여서 시선을 유도한다
- 하늘은 위로 갈수록 색이 진해진다
- 캐릭터가 돋보이도록 주위에 쌓인 눈을 추가한다
- 수면에 비친 캐릭터가 눈에 띄게 주위를 어둡게 한다. 내리는 눈도 잘 보이게 된다

10 환상적인 일러스트 ❷

거리가 수몰된 신비한 일러스트입니다. 화면의 무게를 줄이고 테마를 좀 더 강조합니다.

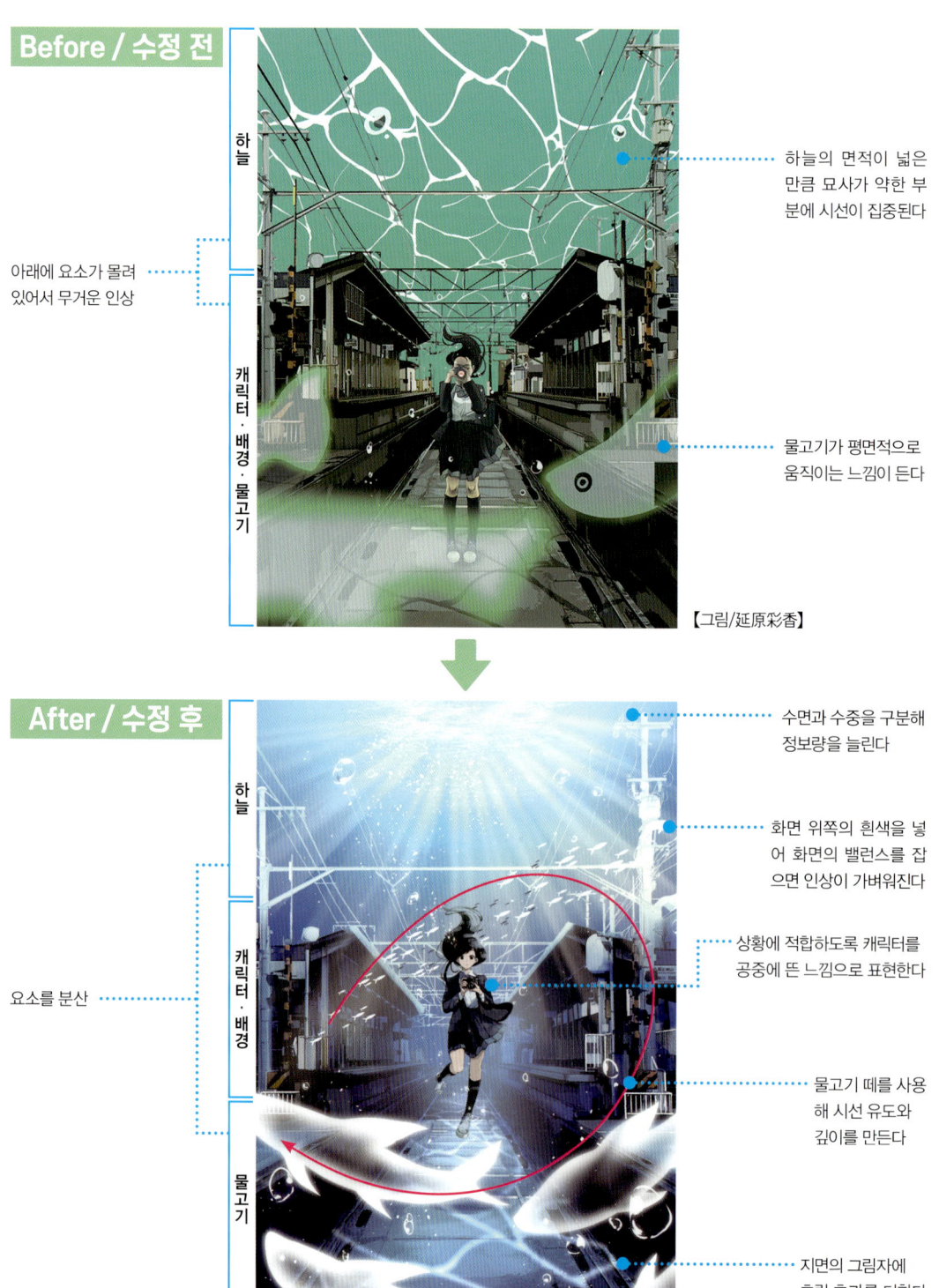

Before / 수정 전

- 아래에 요소가 몰려 있어서 무거운 인상
- 하늘의 면적이 넓은 만큼 묘사가 약한 부분에 시선이 집중된다
- 물고기가 평면적으로 움직이는 느낌이 든다

【그림/延原彩香】

After / 수정 후

- 요소를 분산
- 수면과 수중을 구분해 정보량을 늘린다
- 화면 위쪽의 흰색을 넣어 화면의 밸런스를 잡으면 인상이 가벼워진다
- 상황에 적합하도록 캐릭터를 공중에 뜬 느낌으로 표현한다
- 물고기 떼를 사용해 시선 유도와 깊이를 만든다
- 지면의 그림자에 흐림 효과를 더한다

○× DE WAKARU FUKEI SAKUGA KAMIWAZA SAKUGA SERIES
©sakeharasu 2020
First published in Japan in 2020 by KADOKAWA CORPORATION, Tokyo.
Korean translation rights arranged with KADOKAWA CORPORATION, Tokyo through Korea Copyright Center Inc.

이 책은 (주)한국저작권센터(KCC)를 통한 저작권자와의 독점계약으로 한스미디어(한즈미디어(주))에서 출간되었습니다.
저작권법에 의해 한국 내에서 보호를 받는 저작물이므로 무단전재와 복제를 금합니다.

○×로 배우는 배경 일러스트

1판 1쇄 인쇄 2021년 5월 4일
1판 1쇄 발행 2021년 5월 11일

지은이 사케하라스
옮긴이 김재훈
펴낸이 김기옥

실용본부장 박재성
편집 실용1팀 박인애
영업 김선주
커뮤니케이션 플래너 서지운
지원 고광현, 김형식, 임민진

디자인 제이알컴
인쇄·제본 민언프린텍

펴낸곳 한스미디어(한즈미디어(주))
주소 121-839 서울시 마포구 양화로 11길 13(서교동, 강원빌딩 5층)
전화 02-707-0337 | **팩스** 02-707-0198 | **홈페이지** www.hansmedia.com
출판신고번호 제 313-2003-227호 | **신고일자** 2003년 6월 25일

ISBN 979-11-6007-602-8 13650

책값은 뒤표지에 있습니다.
잘못 만들어진 책은 구입하신 서점에서 교환해드립니다.

만화가 · 일러스트레이터의 꿈!
'쉽게 배우는 만화' 시리즈로 시작하세요.

60만 부 이상 판매된 궁극의 만화·일러스트 비법!

쉽게 배우는 만화 시리즈
단계별 / 분야별 도서 목록

캐릭터 데생 : 초급 기초 과정   캐릭터 데생의 기본을 배워봅시다.

쉽게 배우는 **만화 캐릭터 데생**	한 권으로 끝내는 **만화 기초 데생 1, 2**	쉽게 배우는 **귀여운 소녀 그리기**	사진을 보며 **그리는 만화 데생**	쉽게 배우는 **귀여운 동물 드로잉**

미도리 후우 지음	김현영 옮김 192쪽	13,000원	마크 크릴리 지음	오윤성 옮김 128쪽	각 13,000원	유우 지음	김현영 옮김 144쪽	12,000원	니시노 고지 지음	김현영 옮김 160쪽	15,000원	스즈키 마리 지음	이은정 옮김 144쪽	15,000원

캐릭터 데생 : 초·중급 마스터 과정   캐릭터 데생에서 가장 어렵게 느껴지는 부분을 심화해서 배워봅니다.

데포르메 캐릭터 **그리는 법**	쉽게 배우는 **만화 캐릭터 감정표현**	쉽게 배우는 **손발 그리기 마스터**	쉽게 배우는 **옷 주름 그리기 마스터**	뼈와 근육이 보이는 **일러스트 인체 포즈집**
				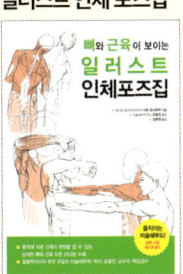
하마모토 류스케 지음	허영은 옮김	144쪽	14,000원	호소이 아야 지음	이은정 옮김 176쪽	15,000원	요코미조 유키코 지음	이은정 옮김	160쪽	15,000원	이토 사토시 지음	이은정 옮김 180쪽	15,000원	사토 요시타카 지음	조용진 감수 김현영 옮김	144쪽	15,000원

캐릭터 데생 : 중급 응용 과정   베스트 작가 toshi에게 배우는 역동적인 캐릭터 그리는 법

toshi의
선과 음영
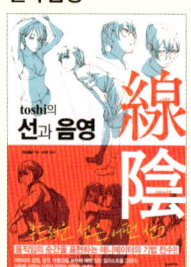
toshi 지음 | 김재훈 옮김
176쪽 | 16,500원

애니메이터가 가르쳐주는
캐릭터 그리기의
기본 법칙

toshi 지음 | 김재훈 옮김
160쪽 | 15,000원

캐릭터에 생명력을 불어넣는
일러스트 테크닉

toshi 지음 | 서지수 옮김
160쪽 | 15,000원

캐릭터에 생명력을 불어넣는
일러스트 테크닉 2
(표현력 업그레이드 편)
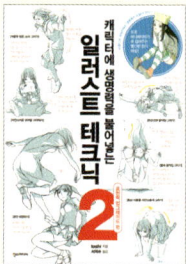
toshi 지음 | 서지수 옮김
160쪽 | 15,000원

캐릭터에 생명력을 불어넣는
일러스트 테크닉 3
(상상력 업그레이드 편)
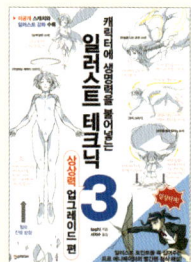
toshi 지음 | 서지수 옮김
160쪽 | 15,000원

제로에서 배우는 프로의 기술 <신기작화> 시리즈

toshi의
궁극의 캐릭터 작화

toshi 지음 | 김재훈 옮김
176쪽 | 16,500원

toshi의
신기작화
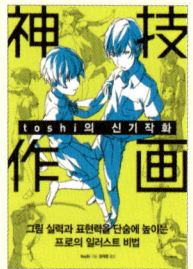
toshi 지음 | 김재훈 옮김
160쪽 | 15,000원

mocha의
배경 작화
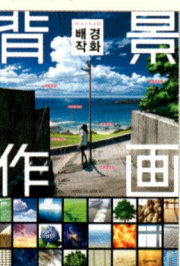
mocha 지음 | 김재훈 옮김
144쪽 | 16,000원

웹툰의 기술

우타카타 외 5인 지음
김재훈 옮김 | 144쪽 | 16,000원

꼭 알아야 할 컬러 / 채색의 기초

일러스트·만화를 위한
배색 교실

마츠오카 신지 지음 | 김재훈 옮김
160쪽 | 18,000원

인물을 더욱
매력적으로 만드는
캐릭터 채색&레이어
테크닉
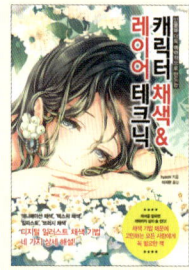
kyachi 지음 | 이지현 옮김
160쪽 | 15,000원

쉽게 배우는
만화 컬러 테크닉

미도리 후우·베카사쿠 지음
김현영 옮김 | 144쪽 | 14,000원

쉽게 배우는
코픽 마커 컬러링

가토 하루히·미도리 후우 지음
박재영 옮김 | 260쪽 | 18,000원